O QUE É ANTISSIONISMO?
(e é uma forma de antissemitismo?)

Proibida a reprodução total ou parcial em qualquer mídia
sem a autorização escrita da editora.
Os infratores estão sujeitos às penas da lei.

Consulte nosso catálogo completo e últimos lançamentos em **www.editoracontexto.com.br**.

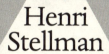

Henri Stellman

O QUE É ANTISSIONISMO?

(e é uma forma de antissemitismo?)

UM BREVE MANUAL
PARA ATIVISTAS E ANALISTAS

Tradução
Margarida Goldsztajn

Copyright © Henri Stellman / © Publisher ASPEKT 2019
Uitgeverij ASPEKT / Aspekt Publishers

Todos os direitos desta edição reservados à
Editora Contexto (Editora Pinsky Ltda.)

Montagem de capa e diagramação
Gustavo S. Vilas Boas

Preparação de textos
Lilian Aquino

Revisão
Mariana Carvalho Teixeira

Dados Internacionais de Catalogação na Publicação (CIP)

Stellman, Henri
 O que é antissionismo? : e é uma forma de antissemitismo?
Um breve manual para ativistas e analistas / Henri Stellman;
tradução de Margarida Goldsztajn. – São Paulo :
Contexto, 2022.
144 p.

ISBN 978-65-5541-168-3
Título original: What is Antizionism? (... and is it Antisemitic?)
A Short Handbook For Activists and Analysts

1. Ciências sociais 2. Antissemitismo 3. Israel
I. Título II. Goldsztajn, Margarida

22-1256   CDD 300

Angélica Ilacqua – Bibliotecária – CRB-8/7057

Índice para catálogo sistemático:
1. Ciências sociais

2022

EDITORA CONTEXTO
Diretor editorial: *Jaime Pinsky*

Rua Dr. José Elias, 520 – Alto da Lapa
05083-030 – São Paulo – SP
PABX: (11) 3832 5838
contexto@editoracontexto.com.br
www.editoracontexto.com.br

Sumário

Introdução   9

PARTE 1
OS FUNDAMENTOS
1. Definição de antissionismo   17
2. Definição de conceitos relacionados   17
3. As causas do antissionismo   21

PARTE 2
O ANTISSIONISMO É ANTISSEMITA? A DIMENSÃO IDEOLÓGICA

Antissionismo de esquerda   25
4. Karl Kautsky   27
5. O Bund   32
6. Eduard Bernstein   36
7. Lênin   37
8. Trotsky   39

9. Depois de 1917	40
10. Partidos comunistas em países não comunistas	42
11. Após a independência de Israel	44
12. Temas contemporâneos	45
Antissionismo da conspiração	47
13. O antissionismo cristão da conspiração	47
14. O antissionismo nazista da conspiração	49
15. O antissionismo neonazista da conspiração	51
16. Negacionistas do Holocausto	52
Antissionismo cristão	54
17. "Deicídio"	55
18. "Descrença"	56
19. Outros argumentos cristãos	58
Antissionismo judaico	61
20. Emancipacionismo	61
21. Os rabinos do protesto	64
22. Os seguidores dos rabinos do protesto	65
23. Breuer e Agudat Israel	67
24. Neturei Karta	69
Antissionismo árabe e muçulmano	70
25. Objetivos	71
26. Libelos	73
27. O Islã	77
28. "Colonialismo/Imperialismo"	79
29. Apartheid e Boicote, Desinvestimento e Sanções (BDS)	81
30. Coalizões de ideologias antissionistas	84

PARTE 3
O ANTISSIONISMO É ANTISSEMITA?
OUTRAS DIMENSÕES

31. Antissionismo violento — 89
32. O aspecto antissemita dos boicotes — 90
33. Admissão de antissemitismo por antissionistas — 93
34. Sionismo como uma palavra em código — 94
35. Antissionismo como um caso de dois pesos e duas medidas — 97
36. As consequências do antissionismo — 98
37. Simpatizantes antissionistas — 100
38. Visões antissemita e antissionista nas mesmas pessoas — 102
39. Antissemitismo não intencional no antissionismo — 103

PARTE 4
OS MEIOS DO ANTISSIONISMO

40. Violência — 107
41. Charges — 107
42. Boicote, Desinvestimento e Sanções (BDS) — 109
43. Omissões de fatos e deturpações — 111
44. Falsificações — 114
45. Descontextualização — 115
46. Exageros — 116
47. Dois pesos, duas medidas — 116
48. As esferas do antissionismo — 117

PARTE 5
FERRAMENTAS PARA ATIVISTAS E ANALISTAS

49. Uma sucinta relação de fontes — 121
50. Perguntas de revisão — 122
51. Exercício de treino — 136
52. Pontos de discussão — 141

O autor — 143

Introdução

Eu tenho um hobby peculiar, alguns podem chamá-lo de mórbido: coleciono e analiso as expressões de hostilidade ao sionismo e ao Estado de Israel em suas várias formas. É necessário todo tipo de gente para construir um mundo. Algumas pessoas colecionam selos, outras se dedicam a ver e catalogar trens. Eu investigo o que dizem os inimigos de Israel. Este livro é o resultado de quarenta anos de fascínio provocado em mim pelo fenômeno do antissionismo. Nas palavras do professor Alan Dershowitz, "nenhuma outra nação civilizada da história, incluindo regimes totalitários e autoritários, tem sido tão repetida, injusta e hipocritamente condenada e criticada pela comunidade internacional como Israel ao longo dos anos".[1]

Meu interesse inicial foi em parte reação ao fato de que, a princípio, quando me deparei com o tema, percebi que a

---

[1] Alan Dershowitz, *The Case for Israel*, New Jersey, 2003, p. 222.

pesquisa sobre o antissionismo havia sido negligenciada. Num avanço rápido aos dias atuais, percebo que, embora vários estudos de alta qualidade tenham sido publicados, ainda há um longo caminho pela frente rumo a uma pesquisa mais abrangente e sistemática sobre o tema como um fenômeno global. O núcleo das pesquisas tem se concentrado em aspectos específicos do antissionismo, mas o quadro geral foi negligenciado. Em suma, fazendo uso da conhecida metáfora: as pessoas veem as árvores e não veem a floresta.

Devido ao perigo que representa para Israel e para o povo judeu, me sinto intrigado com a razão pela qual o estudo do antissionismo permanece incipiente; com a razão pela qual cátedras universitárias, institutos e revistas científicas dedicadas a esse fenômeno não foram criados e, ainda, por que um estudo como o que desenvolvi neste livro nunca havia sido realizado.

Como minha modesta contribuição para lidar com essa negligência, embarquei há muitos verões em uma pesquisa de doutorado sobre as ideologias do antissionismo, a primeira desse tipo, até onde é do meu conhecimento. Obtive meu doutorado na London School of Economics and Political Science, sob a orientação do ilustre professor Elie Kedourie, e tendo o professor Robert Wistrich, autoridade mundial em antissemitismo, atuando como examinador externo.

Houve, e ainda há, três razões pelas quais escolhi esse tema.

Em primeiro lugar, o antissionismo, desde 1967, progrediu com impressionante rapidez.

Como resultado da Guerra dos Seis Dias, Israel teve seu *status* de "parte fraca" e vulnerável derrubado quase da noite para o dia. Foi percebido como a "parte forte" na disputa, enquanto os países árabes e palestinos se tornaram a "parte fraca". Essa mudança foi enfatizada durante a Guerra do Líbano de 1982 e, posteriormente, em eventos ligados à Margem Ocidental, à Faixa de Gaza e ao Líbano.

Seja nas Nações Unidas, no Oriente Médio, nas universidades, na mídia de massa ou em qualquer outro lugar, o antissionismo tornou-se um tema corrente que julguei merecer uma investigação séria.

Mais especificamente, e tendo em vista as numerosas discussões sobre o assunto, eu estava particularmente interessado em pesquisar a dimensão antijudaica do antissionismo.

É interessante observar que os antissionistas são muito sensíveis quando acusados de antissemitismo. Isso decorre do estigma vinculado ao antissemitismo. Eles são colocados em uma situação difícil e desconfortável e numa posição defensiva quando acusados de antissemitismo. Fazem um grande esforço para negar que são de alguma forma antissemitas, a ponto de afirmar que as acusações de antissemitismo dirigidas contra eles são usadas com o propósito de silenciá-los.[2] É evidente que isso os incomoda.

Em segundo lugar, *facit indignatio versum*: minha aversão generalizada ao antissionismo e a necessidade de fundamentar o motivo da minha indignação serviram de razão adicional para minha investigação.

Por fim, eu havia escolhido me dedicar primeiro a uma pesquisa de doutorado, e depois a este projeto, na esperança de que pudesse oferecer material útil na luta contra o antissionismo. Quanto melhor se conhece o oponente, melhor será

---

[2] David Hirsh, *Anti-Zionism and Antisemitism: Cosmopolitan Reflections*, The Yale Initiative for the Interdisciplinary Study of Antisemitism, Working Paper n.1, New Haven, 2011. Outros argumentos de defesa são que os árabes não podem ser antissemitas, pois eles próprios são semitas, e de que os judeus que viveram nos países islâmicos foram bem tratados. Disponível em: <http://www.jewishvirtuallibrary.org/myths-and-facts-human-rights>. Acesso em: 16 abr. 2017. Uma alegação de defesa adicional é que existem judeus antissionistas. Ver Kenneth L. Marcus, *Is the Boycott, Divestment, and Sanctions Movement Anti-Semitic?*, em Cary Nelson e Gabriel Noah Brahm (eds.), *The Case Against Academic Boycotts of Israel*, Chicago, 2015, p. 254.

a capacidade de enfrentá-lo. Estou particularmente preocupado com a geração judaica mais jovem, nas universidades e em outros lugares, vulnerável, isolada, intimidada e assediada.

Após a conclusão do meu doutorado, trabalhei por muitos anos como executivo de várias organizações relacionadas a Israel com sede no Reino Unido, um conhecido centro de ativismo anti-israelense, e como tal pude assistir em primeira mão à agitação antissionista. A natureza de minhas funções incluía, entre outros, encontros próximos com o mundo acadêmico, de gestores universitários e docentes a estudantes; com a elite política, do mais alto cargo a ativistas de base; e com a mídia, de editores a jornalistas especializados. Viajando frequentemente por todo o país, consegui fazer uma avaliação justa de um amplo espectro da postura da sociedade em relação ao sionismo e a Israel.

Assim, pude combinar pesquisa acadêmica e experiência prática.

Minha atitude em relação ao antissionismo não é puramente negativa. Ainda que eu me oponha àqueles que visam prejudicar o Estado de Israel, e ainda que eu me oponha à sua argumentação, devo confessar que tenho um certo fascínio pelas qualidades intelectuais, analíticas e organizacionais encontradas entre alguns dos antissionistas.

Minha rotina de registrar e analisar um amplo repertório de ataques violentos e mal-intencionados ao sionismo e a Israel me permitiu desenvolver uma certa imunidade a essas acusações sem pé nem cabeça. No entanto, essa ideologia ainda costuma me causar arrepios às vezes.

Estava claro que minha abordagem deveria ser o mais simples, concisa e de fácil leitura possível. Eu estava interessado em desenvolver um manual – o mais compacto que conseguisse – que pudesse ser usado quando e onde exigido pelas circunstâncias. Meu objetivo era analisar com eficácia um tema difícil e carregado de emoções e ajudar aqueles que estão dispostos a confrontar e expor as falsidades difundidas acerca do sionismo e de Israel. A fim de atingir esse objetivo, percebi que teria que seguir uma série de regras: usar sempre que possível uma linguagem fácil; fornecer uma apresentação e classificação claras e atraentes; fundamentar cada afirmação com citações e exemplos; e apresentar cuidadosamente as várias centenas de fontes utilizadas nesta pesquisa.

Também estou ciente de que o antissionismo está ativo em diversos países, às vezes com variações regionais. Como desejo que este livro seja utilizável internacionalmente, optei por descrever várias características antissionistas ao redor do mundo, com atenção especial às características comuns encontradas em diversos países.

Começo meu estudo examinando primeiro os fundamentos do antissionismo. Em seguida, examino o importante tópico da relação entre antissionismo e antissemitismo. A seguir, enfoco os meios do antissionismo.

Adicionei no final uma seção com uma pequena lista de recursos para aqueles que querem expandir seu interesse, questões de revisão e pontos de discussão. Acrescentei igualmente várias citações de antissionistas, sem tecer nenhum comentário, como um exercício de treino por meio do qual convido os leitores a tentar relacionar as citações com as questões suscitadas neste manual.

Em antecipação ao usual argumento de defesa apresentado por aqueles que censuram o sionismo e Israel, declaro já de início que não confundo oposição ao sionismo e a Israel e críticas às políticas de Israel. Pode-se opor legitimamente às políticas de Israel da mesma forma que alguém pode contestar legitimamente as políticas de qualquer outro país.

Algumas das críticas legítimas podem ser encontradas entre israelenses e pró-israelenses, incluindo, cada vez mais, judeus da Diáspora. Por mais bem-intencionados que sejam, eles têm, no entanto, ampliado e encorajado a campanha antissionista e reforçado a presunção dos inimigos do Estado judeu.

Esta é uma primeira tentativa de enfrentar o antissionismo desse modo particular. Eu agradeceria qualquer sugestão para melhorar seu conteúdo e apresentação.

Devo agradecimentos a inúmeras pessoas que me ajudaram de uma forma ou outra nesta longa pesquisa. Amigos, parentes, acadêmicos, colegas de trabalho, digitadores, bibliotecários, editores e muitos outros, numerosos demais para serem mencionados pelo nome, foram de grande auxílio neste projeto. Sinto-me em dívida com cada um deles.

Dedico este livro ao meu falecido pai, Herbert Stellman, e à minha mãe, Anna, sem cuja ajuda e encorajamento eu jamais poderia ter empreendido este estudo; à minha esposa, Eva, como forma de agradecimento por seu apoio constante, comentários inestimáveis e por tolerar a pressão causada pela minha pesquisa; por último, mas não menos importante, aos meus filhos Natie e Ben, que, quando comecei a longa jornada que terminou com a publicação deste livro, proporcionaram distrações agradáveis de um estudo muito sério e que, desde então, se transformaram em excelentes rapazes que também expressaram sua opinião sobre o assunto.

H.S.

PARTE 1

OS FUNDAMENTOS

1.
Definição de antissionismo

Antissionismo é a oposição ao sionismo e/ou ao Estado de Israel.

- Quando objetiva pôr fim à existência do Estado de Israel, pode ser chamado de *antissionismo politicida*.[3]
- Quando visa *deslegitimar, desumanizar, demonizar* o Estado de Israel, pode ser chamado de *antissionismo anti-Israel*.

Deslegitimação é a tentativa de minar a aceitação de Israel pela comunidade internacional das nações.

Desumanização é a tentativa de privar Israel e seus habitantes de qualidades humanas positivas.

Demonização é a tentativa de retratar Israel como ímpio.[4]

Essas duas formas de antissionismo referidas podem ser independentes ou aparecer em combinação uma com outra.

O antissionismo não deve ser confundido com críticas às políticas de Israel. Pode-se legitimamente desaprovar as políticas de Israel da mesma forma que alguém pode desaprovar a orientação política de qualquer outro país.

2.
Definição de conceitos relacionados

Antissemitismo: "O antissemitismo é uma certa percepção dos judeus que pode ser expressa como ódio a eles.

---

[3] Yehoshafat Harkabi, *Arab Attitudes to Israel*, Jerusalem, 1974, p. 37.
[4] Para uma discussão desses conceitos, ver Ehud Sprinzak, "Anti-Zionism: from Delegitimization to Dehumanization", *Forum*, n. 53, outono de 1984.

Manifestações retóricas e físicas de antissemitismo são dirigidas a indivíduos judeus ou não judeus e/ou às suas propriedades, a instituições comunitárias e instalações religiosas judaicas."

Para orientar a International Holocaust Remembrance Alliance (IHRA) em seu trabalho, os seguintes exemplos podem servir de ilustração: manifestações podem incluir a escolha do Estado de Israel como alvo, concebido como uma coletividade judaica. No entanto, críticas a Israel semelhantes às tecidas contra qualquer outro país não podem ser consideradas antissemitas. O antissemitismo frequentemente acusa os judeus de conspirarem para prejudicar a humanidade e é utilizado amiúde para culpar os judeus "por coisas que dão errado". É expresso no discurso, na escrita, em formas visuais e ações, empregando estereótipos sinistros e traços de caráter negativos.

Exemplos contemporâneos de antissemitismo na vida pública, na mídia, em escolas, locais de trabalho e na esfera religiosa, levando em consideração o contexto geral, poderão incluir, mas não se limitar a:

- Exigir, ajudar ou justificar o assassinato de judeus ou o dano causado a eles em nome de uma ideologia radical ou uma visão extremista da religião.
- Fazer alegações falsas, desumanizantes, demonizantes ou estereotípicas contra os judeus como tais ou o poder dos judeus enquanto coletivo – como, em especial, mas não exclusivamente, o mito de uma conspiração mundial judaica ou do controle judeu sobre a mídia, a economia, o governo ou outras instituições sociais.
- Acusar os judeus de, como povo, serem responsáveis pelo delito cometido por um único judeu ou por um grupo de judeus, ou mesmo por atos cometidos por não judeus.

- Negar o fato, o escopo, os mecanismos (por exemplo, as câmaras de gás) ou a intencionalidade do genocídio do povo judeu nas mãos da Alemanha nacional-socialista e seus apoiadores e cúmplices durante a Segunda Guerra Mundial (o Holocausto).
- Acusar os judeus enquanto povo, ou Israel enquanto Estado, de inventar ou exagerar o Holocausto.
- Acusar cidadãos judeus de serem mais leais a Israel, ou às supostas prioridades dos judeus em todo o mundo, do que aos interesses de suas próprias nações.
- Negar ao povo judeu seu direito à autodeterminação, por exemplo, alegando que a existência de um Estado de Israel é um empreendimento racista.
- Fazer uso de dois pesos e duas medidas, ao requerer dele um comportamento não esperado ou exigido de qualquer outra nação democrática.
- Utilizar os símbolos e as imagens associados ao antissemitismo clássico (por exemplo, alegar que os judeus mataram Jesus ou fazer libelo de sangue) para caracterizar Israel ou israelenses.
- Tecer comparações entre a política israelense contemporânea e a dos nazistas.
- Responsabilizar os judeus coletivamente por atos praticados pelo Estado de Israel.

Atos antissemitas são criminosos quando assim definidos por lei (por exemplo, negar o Holocausto ou disseminar materiais antissemitas em alguns países).

Atos criminosos são antissemitas quando os alvos de ataque, sejam eles pessoas ou propriedades – tais como edifícios, escolas, locais de culto e cemitérios –, são selecionados porque são, ou são percebidos como sendo, judeus ou ligados a judeus.

Discriminação antissemita é a negação aos judeus de oportunidades ou serviços disponíveis para outros e é ilegal em muitos países.[5]

BDS é a sigla da campanha "Boicote, Desinvestimento e Sanções" contra Israel.

O *boicote* a Israel pode ser definido como a recusa em comprar, fazer negócios ou colaborar com empresas ou organizações associadas ao Estado de Israel, como forma de protesto à sua existência ou às suas políticas, ou como meio de coagir Israel a alterar suas políticas.

O *desinvestimento* pode ser definido como o ato de vender ou dispor de bens relacionados a Israel, com objetivos semelhantes aos do boicote.

As *sanções* são penalidades ou medidas coercitivas contra empresas ou organizações associadas a Israel, também com objetivos semelhantes aos do boicote.

Diferenciação: distinguir entre o território do Estado de Israel e os territórios ocupados desde 1967, rejeitando os laços com os desenvolvimentos de Israel além da linha de 1967.[6]

Interseccionalidade: "Os proponentes da interseccionalidade veem um mundo de opressão abrangente, no qual racismo, classismo, sexismo, homofobia e capacitismo constituem um sistema de interseção. Todas as injustiças estão interconectadas, mesmo que ocorram em ambientes geográficos, culturais e políticos não interligados. Essa é a racionalização para

---

[5] Resolução adotada pela International Holocaust Remembrance Alliance. Disponível em: <https://www.holocaustremembrance.com/sites/default/files/press_release_document_antisemitism.pdf>. Definições similares foram adotadas por outras instituições nacionais e internacionais em todo o mundo.

[6] Herb Keinon, "Analysis: Differentiation clause will boost BDS", *The Jerusalem Post*, 25 dez. 2016. Disponível em: <http://www.jpost.com/Israel-News/Analysis-Differentiation-clause-will-boost-BDS-476430>. Acesso em: 4 jan. 2017.

construir alianças entre causas não relacionadas, como direitos de LGBTQ, desinvestimento em combustível fóssil, reforma prisional, discriminação racial e imigração. As campanhas do BDS anti-Israel introduziram com sucesso os palestinos nessa mescla interseccional como vítimas da opressão colonialista da postura pró-ocidental de Israel. A união da interseccionalidade com o conflito árabe-israelense permite que qualquer grupo de vítimas constitua causa comum com os palestinos."[7]

Lawfare: uso da lei contra os inimigos. "Uma arma projetada para destruir o inimigo, usando e abusando incorretamente do sistema legal e da mídia, a fim de suscitar clamor público contra aquele inimigo [ou seja, Israel]."[8]

Pink-washing: é a alegação de que Israel e seus apoiadores estão enfatizando excessivamente o tratamento e o apoio de Israel no que tange aos direitos dos LGBT, no intuito de encobrir seus alegados "crimes".[9]

3.
As causas do antissionismo

Há uma rica diversidade de razões pelas quais os indivíduos escolhem uma postura antissionista. Contudo, a mente humana é insondável e muitas vezes não sabemos por que alguns antissionistas adotaram essa visão, uma vez que as motivações reais não são expressas ou, em seu lugar, são expostas outras motivações.

---

[7] Ziva Dahl, *The Observer*, 15 mar. 2016. Disponível em: <http://observer.com/2016/03/intersectionality-and-the-bizarre-world-of-hating-israel/>.
[8] Susan Tiefenbrun, "Semiotic Definition of 'Lawfare'" (17 jun. 2011), *Case Western Reserve Journal of International Law*, v. 43, 2011, Thomas Jefferson School of Law Research Paper nº 1866448. Disponível em: <http://ssrn.com/abstract=1866448>.
[9] Baseado em Amir Ohana, "Anti-Zionists, talk to the Mid-East's gay community", *Jewish Chronicle*, 23 set. 2016.

Pode-se especular quais seriam alguns dessas motivações reais e por que elas não são expressas:

- Antissemitismo.
- Em termos de considerações geopolíticas e comerciais da *Realpolitik*, faz sentido se alinhar com a visão do grande, rico e influente mundo árabe e muçulmano. No entanto, seria incomum que alguém admitisse publicamente tais motivações cínicas.
- Fatores psicológicos dos quais os antissionistas podem não estar conscientes provavelmente têm certa influência. Dentre eles, pode-se sugerir o fenômeno da "projeção" no mundo árabe, ou seja, a propensão de atribuir as próprias qualidades negativas ao inimigo. Um sentimento de culpa pelo domínio colonial no mundo árabe e seus excessos poderia muito bem ser uma razão para o antissionismo de muitos europeus.
- É muito provável que o antissionismo tenha sido adotado por muitas pessoas porque está na moda, é uma tendência a ser seguida e é considerado atrativo por ser politicamente correto.

PARTE 2

O ANTISSIONISMO É ANTISSEMITA? A DIMENSÃO IDEOLÓGICA

ANTISSIONISMO
DE ESQUERDA

A ideologia antissionista de esquerda é a explicação e a justificativa para esse tipo de antissionismo. O interesse histórico dos ideólogos da esquerda tem origem em sua preocupação com a igualdade dos homens, com o bem-estar social, com um mundo melhor. Seu interesse pela "Questão Judaica" e suas tentativas de resolvê-la, portanto, não são uma surpresa.

A destacada preocupação da esquerda com os judeus também deve ser explicada pelo papel proeminente por eles desempenhado no movimento socialista. Existem boas razões para acreditar que a atração pelo socialismo está em sua convicção de que ele poderia oferecer uma solução para o "problema judaico".

No entanto, na ideologia socialista há uma tradição de hostilidade ao judaísmo. De Proudhon a Kreisky, incluindo Marx, Engels, Kautsky, Stalin, Adler, Bauer e muitos outros pais do socialismo, a judeofobia de personalidades históricas socialistas é claramente evidenciada.

Tendo em vista a defesa dos judeus assumida por muitos partidários da esquerda, e somando-se a isso o papel decisivo desempenhado pelos sionistas socialistas no estabelecimento do Estado Judeu e o apoio subsequente ao sionismo e a Israel assumido por muitas pessoas de esquerda no mundo todo, seria possível acreditar que a atitude em relação à autodeterminação judaica teria sido de apoio. Contudo, a postura que muitas pessoas da esquerda têm abraçado é de oposição à existência do Estado de Israel e de auxílio a uma campanha de deslegitimação e desumanização do país.

É interessante notar que Karl Marx jamais se posicionou sobre o sionismo. Aqueles que iriam se opor ao sionismo com base nos ensinamentos de Marx ou não esclareceram seu silêncio sobre o assunto e, portanto, abusaram de seus ensinamentos, ou deduziram seu antissionismo a partir dos ensinamentos de Marx. Uma terceira possibilidade teria sido conjeturar sobre o que Marx poderia ter dito se tivesse escrito sobre o sionismo.

Pode-se especular que, se Marx tivesse escrito sobre o sionismo, ele o teria rejeitado. É possível basear-se aqui na atitude negativa de Marx para com o judaísmo e os judeus. Em *Sobre a Questão Judaica*, publicado em 1844 no *Deutsch-Französische Jahrbücher*, ele pediu a assimilação dos judeus ao seu ambiente.[10] Sendo judeu, essa manifestação de ódio aos judeus deve ser vista como um ato de ódio contra si mesmo.

O que tornou as coisas piores é que Marx também proferiu, em seu ensaio, comentários insultuosos, da pior espécie, sobre os judeus. Considerem a seguinte citação:

> Qual é a base profana do judaísmo? A necessidade prática, o interesse próprio. Qual é o culto mundano do judeu? Traficar. Qual é o seu deus mundano? O dinheiro. Muito bem: então, ao emancipar-se do tráfico e do dinheiro e, portanto, do judaísmo real e prático, a nossa época conquistará a sua própria emancipação.[11]

---

[10] Karl Marx, "On the Jewish Question", *Karl Marx Early Writings*, London: T. B. Bottomore (ed.), 1963, pp. 1-40.

[11] Idem, p. 34. Os termos "prática", "interesse próprio", "traficar", "tráfico" e as duas ocorrências de "dinheiro" foram grafados em itálico no texto. A atitude de Marx em relação ao judaísmo tem sido profusa e diversamente analisada. Ver, por exemplo, Robert S. Wistrich, "Karl Marx and the Jewish Question", *Soviet Jewish Affairs*, v. 4, n. 1, 1974, pp. 53-60; Robert Misrahi, *Marx et la Question Juive*, Paris, 1972; Annie Kriegel, *Les Juifs et le Monde Moderne*, Paris, 1977, pp. 185-8; Nathan Weinstock, *Zionism: False Messiah*, London, 1979, pp. 266-370; Edmund Silberner, "Was Marx an Anti-Semite?", *Historia Judaica*, v. 11, n. 1, abr. 1949, pp. 3-52; Élisabeth de Fontenay, *Les Figures juives de Marx*, Paris, 1973; Walid Sharif, "Soviet Marxism and Zionism", *Journal of Palestine Studies*, v. 6, n. 3, primavera de 1977, pp. 78-81.

Também foi especulado que o silêncio de Marx sobre o sionismo seja indicativo de sua rejeição a ele.[12]

4.
Karl Kautsky

Karl Kautsky, o principal teórico do movimento trabalhista internacional, da Segunda Internacional, e o principal teórico da social-democracia alemã na virada do século XIX para o XX, foi "por muitos anos o mais respeitado intérprete da doutrina marxista, tanto para socialistas europeus do Ocidente quanto do Oriente".[13] Disso decorre a importância de seus escritos, juntamente com o fato de que suas opiniões sobre o sionismo, naquela época, "eram as mais consistentes e sistemáticas em sua exposição dos argumentos marxistas contra o sionismo".[14]

De acordo com outro observador, naquela época Kautsky "foi quem mais chegou perto de aplicar o método marxista do materialismo histórico de forma coerente ao problema nacional judaico".[15] Os mesmos observadores também destacaram a importância de Kautsky, pois sua posição continha, em forma embrionária, as sementes das posteriores críticas comunistas, trotskistas e da nova esquerda ao sionismo.[16]

O antissionismo de Kautsky foi necessariamente decorrente de suas opiniões sobre como resolver o problema

---

[12] Para a formulação dessa ideia, ver Robert Misrahi, op. cit., pp. 32-3. Por outro lado, também foi especulado que se Marx tivesse escrito sobre o tema, ele o teria abraçado. Para a formulação dessa ideia, ver Norman Levine, "Karl Marx and the Arab-Israeli Conflict", *Judaism*, v. 19, n. 2, primavera 1970, pp. 145-6.
[13] Walter Laqueur, *A History of Sionism*, New York, 1972, p. 417.
[14] Idem, p. 420.
[15] Robert S. Wistrich, "German Social Democracy and the Problem of Jewish Nationalism", *Yearbook of the Leo Baeck Institute*, v. 21, 1976, p. 109.
[16] Walter Laqueur, op. cit., p. 417; Robert S. Wistrich, op. cit., p. 109.

judaico. Para ele, os judeus não deveriam ser considerados uma nação, pois careciam de um território comum e de uma língua comum; ele os via como uma casta, à semelhança das castas da Índia, compartilhando características comuns entre si.[17] Kautsky estava profundamente convencido de sua autodissolução irreversível, de sua assimilação a seu ambiente com a chegada da nova ordem socialista.[18] Para ele, isso não era uma tragédia comparável à extinção ou à assimilação forçada de outros povos, mas um passo progressivo.[19] Acabaria com a miséria, com o antissemitismo ao qual eles eram submetidos.[20] Os judeus possuem as qualidades mais requeridas para o progresso da humanidade; forjaram pessoas como Spinoza, Heine, Lassalle e Marx.[21]

> O judaísmo se tornou um fator reacionário. É como um peso ou chumbo preso aos pés dos judeus que buscam avidamente progredir, um dos últimos resquícios da Idade Média feudal, um gueto social que ainda subsiste na consciência, depois que o gueto físico tangível desapareceu. Não podemos dizer que saímos completamente da Idade Média enquanto o judaísmo ainda existe entre nós. Quanto antes desaparecer, melhor será não só para a sociedade, mas também para os próprios judeus.[22]

O desaparecimento dos judeus era visto não como um declínio, mas como uma ascensão.

---

[17] Karl Kautsky, "Nationalität und Internationalität", *Die Neue Zeit*, suplemento, n. 1, 18 jan. 1908, p. 7. Kautsky foi editor dessa importante análise da democracia nacional alemã. Ver Robert S. Wistrich, op cit. Sobre o antissionismo de colaboradores menos conhecidos da revista, ver Robert S. Wistrich, op. cit., pp. 119-123.
[18] Karl Kautsky, *Are the Jews a Race?*, London, 1926, pp. 240-7. Esta é, na verdade, uma tradução da segunda edição do livro *Rasse und Judentum*, Stuttgart, 1921; a primeira edição apareceu em *Die Neue Zeit*, suplemento, n. 20, 30 out. 1914, pp. 1-94.
[19] Karl Kautsky, *Are the Jews a Race?*, cit., p. 126.
[20] Idem, p. 244.
[21] Idem, p. 245.
[22] Idem, p. 246.

Assuero, o Judeu Errante, finalmente terá encontrado um refúgio para descansar. Ele continuará a viver na memória do ser humano como o maior sofredor dentre os homens, como aquele que mais padeceu severamente pela humanidade, para a qual ele mais contribuiu.[23]

O sionismo era visto como uma reação à inevitabilidade do desaparecimento dos judeus e, portanto, como reacionário. Acreditava-se que pretendia manter a particularidade e a solidariedade judaicas, estimulando a separação entre judeu e não judeu e, ao fazê-lo e ao considerar temporária a presença judaica na Diáspora, o sionismo estava de fato defendendo a tese dos antissemitas e, por conseguinte, enfraquecendo o movimento revolucionário.

O movimento sionista só poderia reforçar os sentimentos antissemitas das massas populares, na medida em que aumentasse a segregação dos judeus do restante da população e os rotulasse, ainda mais do que antes, como uma nação estrangeira que, de acordo com sua perspectiva, não pode ter nenhuma expectativa no solo russo.[24]

Kautsky também afirmou que o sionismo, ao defender um Estado judeu para a preservação da raça judaica, estava de fato adotando um antijudaísmo de caráter racista. "A Palestina como gueto mundial para a separação da raça judaica das demais raças, esse se tornou o fim do sionismo", escreveu ele na edição de 1914 da sua obra *Rasse und Judentum* (Raça e judaísmo).[25]

O que ele considerava ainda pior era a colaboração efetiva de sionistas com forças antissemitas. Ele escreveu que "tem

---

[23] Idem, p. 247.
[24] Karl Kautsky, "Das Massaker von Kischinew und die Judenfrage", *Die Neue Zeit*, v. 2, n. 36, 1902-1903, p. 308.
[25] Karl Kautsky, *Rasse und Judentum*, 1914, p. 82.

mesmo havido sionistas que, para a realização de seus objetivos, esperam a cortês assistência do chefe da nação russa ortodoxa, da origem do antissemitismo no mundo inteiro, do czar da Rússia".[26] Kautsky devia estar se referindo ao encontro, em agosto de 1903, na Rússia, entre Herzl e dignitários russos, em especial Plehve, o ministro do Interior. Como resultado desse encontro, Plehve prometeu não atrapalhar o sionismo desde que esse movimento encorajasse a emigração dos judeus da Rússia e não se envolvesse em qualquer atividade política. Além disso, ele prometeu que o governo russo interviria em favor do sionismo junto ao sultão otomano.[27]

Kautsky também analisou o sionismo no contexto palestino. Ele ressaltou não haver outras regiões desocupadas no mundo nas quais a autodeterminação judaica pudesse ser implementada.[28] Ele acreditava que, sem a agricultura, Sião possivelmente não poderia ser erigida e pensava que os judeus não conseguiriam se converter, de sua condição de residentes urbanos que tinham sido durante tanto tempo, em agricultores.[29]

Além disso, na Palestina, o transporte não existia.[30] O solo era infértil[31] e a perspectiva de atrair investidores estrangeiros era pequena.[32] Uma grande imigração judaica, portanto, não poderia ser apoiada[33] e, de qualquer maneira, a imigração de judeus não ocorreria tão cedo.[34] A probabilidade de que a experiência sionista lograsse sucesso era pequena.

---

[26] Karl Kautsky, *Are the Jews a Race?*, cit., p. 183.
[27] Raphael Patai (ed.), *The Complete Diaries of Theodor Herzl*, London, v. 4, 1960, pp. 1520-43.
[28] Karl Kautsky, *Are the Jews a Race?*, cit., p. 184.
[29] Idem, pp. 185-6.
[30] Idem, p. 187.
[31] Idem.
[32] Idem.
[33] Idem, p. 188.
[34] Idem.

A forte oposição de Kautsky ao colonialismo britânico na Palestina, que ele expressou em 1921, complementou sua crítica ao sionismo, que ele via como um instrumento do imperialismo britânico, uma concepção vigorosamente defendida até hoje por judeus antissionistas de esquerda. Para ele, essa aliança orgânica profana significava que "a colonização judaica na Palestina falharia tão logo a hegemonia anglo-francesa sobre a Ásia Menor (incluindo o Egito) entrasse em colapso, e isso é apenas uma questão de tempo, talvez num futuro próximo".[35] Kautsky previu um confronto entre os colonos judeus e a população árabe local e estava firmemente convicto da vitória final dos árabes.[36] Ele estava muito apreensivo de que essa vitória levasse a um fim trágico, pois os colonos judeus eram desprezados pelos árabes, indefesos e menos capazes de fugir.[37] Esperava que a colonização sionista prosseguisse com muita lentidão, de modo a limitar o número de vítimas.[38]

Kautsky foi honesto em reconhecer e ficar impressionado com o primeiro e, ainda assim, limitado sucesso do sionismo: "Quem quer que tenha duvidado da possibilidade do povo judeu de demonstrar energia, determinação e inteligência nessa crise, certamente deve ter mudado de ideia ao ver o trabalho de reconstrução sionista na Palestina."[39] No entanto, ele era da opinião que o entusiasmo não persistiria.[40]

---

[35] Idem, p. 211. Essa citação e a seguinte foram extraídas de um capítulo que Kautsky adicionou na segunda edição de *Rasse und Judentum*, publicada em 1921, e da tradução inglesa de 1926. É ao capítulo 10, pp. 193-215, da edição em inglês a que nos referimos aqui, intitulado "Zionism after the War".
[36] Idem, pp. 211-2.
[37] Idem, p. 212.
[38] Idem, pp. 212-3.
[39] Idem, p. 202.
[40] Idem, pp. 204-5.

Pode-se dizer sucintamente que, se Kautsky se opôs ao sionismo, ao mesmo tempo, sua previsão sombria para o futuro do movimento fez com que ele considerasse supérflua a necessidade de uma oposição ativa.

5.
O Bund

Em outubro de 1887, em Vilna, judeus de cinco cidades do Pale* decidiram criar um partido socialista judeu[41] que posteriormente adotou o nome de Algemeyner Yidisher Arbeter Bund in Lite, Poyln un Rusland, ou seja, Liga Geral dos Trabalhadores Judeus da Lituânia, Polônia e Rússia, comumente conhecida como Bund.[42] A atitude do Bund no que tange ao sionismo foi de oposição feroz.

Os bundistas eram fortes defensores dos valores e da identidade judaicos e fizeram grandes esforços educacionais para preservar tais peculiaridades. Além disso, desenvolveram uma teoria assertiva de autonomismo, defendendo o direito dos judeus de controlar sua língua, seus hábitos, seu modo de vida e sua cultura como achassem adequado.

O antissionismo dos bundistas possuía duas linhas argumentativas: alegavam que o sionismo era contra o socialismo, mas também se opunham ao sionismo devido à situação na Palestina.

O *Die Arbeter Shtime*, jornal oficial do Comitê Central do Bund,[43] declarou que os sionistas burgueses eram incapazes

---
* N.T.: A zona de assentamento judaico compulsório na Rússia czarista.
[41] *Encyclopaedia Judaica*, v. 4, Jerusalém, 1971, p. 1499.
[42] Idem, p. 1497. O nome original não incluía a Lituânia e foi posteriormente complementado. Henry J. Tobias, *The Jewish Bund in Russia: From Its Origins to 1905*, Stanford, 1972, pp. 68, 165.
[43] Henry J. Tobias, op. cit., p. 47.

de lidar com a condição econômica do proletariado judeu e, pior ainda, que eles eram simplesmente indiferentes a esse proletariado.[44] A postura sionista, segundo a qual os judeus eram estrangeiros na Diáspora e deveriam abster-se de qualquer confronto com a autoridade estabelecida, foi severamente criticada. Afirmavam que ela negava a possibilidade de uma luta socialista na Rússia.[45] Alegavam também que era historicamente errado dizer que os judeus eram forasteiros na Rússia:

> [Nossos] ancestrais vieram como moradores pacíficos e, no curso de mil anos, junto com a população circundante, auxiliaram no desenvolvimento cultural da terra, regando-a com suor, encharcando-a com seu sangue e cobrindo-a com os seus ossos... esta terra é nosso lar.[46]

Também foi argumentado que a política de viver discretamente na Rússia poderia levar a uma população judaica cada vez mais servil.[47] O sionismo foi acusado de apoiar o governo czarista antissemita e antissocialista apenas na teoria; a relativa tolerância demonstrada pelo governo russo em relação ao sionismo e à vontade dos sionistas de aceitar certa colaboração, a fim de alcançar seu objetivo, era vista pelos bundistas com profunda suspeita. A permissão dada em 1899 para que o jornal *Der Jud*, de orientação sionista, fosse enviado da Cracóvia para a Rússia[48] e, mais tarde, a permissão outorgada

---

[44] "Der Fierter Tsionistishen Kongress", *Die Arbeter Shtime*, n. 21, jan. 1901, pp. 4-7, apud Henry J. Tobias, op. cit., p. 128.
[45] "Di Poalei Zion...", *Die Arbeter Shtime*, n. 37, jun. 1904, pp. 5-6, apud Henry J. Tobias, op. cit., p. 253.
[46] "Der 'Bund' un di onfirer...", *Der Bund*, n. 1, jan. 1904, p. 3, apud Henry J. Tobias, op. cit.
[47] "Poalei Zion...", *Die Arbeter Shtime*, n. 33, maio 1903, p. 5, apud Henry J. Tobias, op. cit., p. 249.
[48] *Arkady: Zamlbukh tsum ondenk fur Arkady Kremer*, New York, 1942, p. 328, apud Henry J. Tobias, op. cit., p. 252; data mencionada na p. 251.

em 1903 para que fosse publicado na Rússia de outro jornal sionista, *Der Fraind*,[49] foram consideradas uma tentativa de anuviar a consolidação da consciência de classe[50] e afastar os trabalhadores do Bund.[51] A segunda linha de argumentação desenvolvida pelo Bund referia-se à situação na Palestina. Afirmava-se que o sionismo despojara a população nativa;[52] além disso, que desejava criar um Estado de classe na Palestina e, ao fazê-lo, "ocultar o confronto de classes em nome dos interesses nacionais gerais".[53] O capital sionista iria explorar a mão de obra árabe barata.[54] Questionava-se se os sionistas-socialistas estariam considerando a implementação de uma lei discriminatória contra a imigração de trabalhadores não judeus.[55] Contudo, afirmava-se que os expropriados não permaneceriam inativos.[56]

Embora bem conhecido por seu papel durante o período que antecedeu a Revolução Russa de 1917, o Bund é menos conhecido por sua contínua atividade até hoje. Desempenhou um papel assaz importante na Polônia até 1948[57] e era muito atuante nos Estados Unidos.[58] Além disso, foi criada uma Internacional do Bund e realizadas várias conferências.[59] A oposição ao sionismo e ao Estado de Israel era expressa com frequência.

---

[49] Saul Ginzburg, *Amolike Peterburg: Forshungen un zikhroynes vegn yidishn lebn in der rezidentsshtot fun tsarishn Rusland*, New York, 1944, pp. 186-90, apud Henry J. Tobias, op. cit.
[50] "Der Fraind", *Die Arbeter Shtime*, n. 33, maio 1903, pp. 9-11, apud Henry J. Tobias, op. cit., p. 252.
[51] *Arkady: Zamlbukh...*, op. cit., p. 238, apud Henry J. Tobias, op. cit.
[52] David Balakan, *Die Sozialdemokratie und das jüdische Proletariat*, Czernowitz, 1905, apud John Bunzl, *Klassenkampf in der Diaspora*, Viena, 1975, p. 112.
[53] Idem, p. 111.
[54] A. L., "Der Poalei-Zionismus", *Die Neue Zeit*, v. 12., n. 25, 1905-1906, p. 809.
[55] Idem.
[56] David Balakan, op. cit., p. 36.
[57] *Encyclopaedia Judaica*, op. cit., pp. 1503-5.
[58] Idem, p. 1506.
[59] Idem.

Imediatamente após a Revolução, a "reaproximação" sionista com a Grã-Bretanha, evidenciada pela recém-emitida Declaração Balfour, atraiu as críticas do Bund. A Grã-Bretanha era considerada uma potência imperialista cujo objetivo, ao fazer a declaração, era o de convencer os judeus russos a instar seu governo a que continuasse envolvido na guerra; era ingênuo, disseram os bundistas, confiar no fato de que imperialistas britânicos dariam aos judeus uma pátria.[60] Vladimir Medem, uma figura importante do bundismo russo, acreditava que os sionistas estavam traindo a Diáspora e se intrometendo, injustificadamente, no que haviam abandonado.

> Preparativos de viagem, febre de viagem! Arrumem seus pertences! Deem as costas à nossa vida, à nossa luta, às nossas alegrias e tristezas. Vocês decidiram abandonar a Galut!* Pois muito bem, deixem-na em paz. Não interfiram em nossos assuntos, não demonstrem sua generosidade jogando esmolas... [para nós]... da janela do seu vagão ferroviário – e, por favor, não falem sobre a defesa dos nossos direitos aqui.[61]

Para Emanuel Scherer, um dos líderes do Bund nos Estados Unidos, o Estado de Israel seria apenas um fenômeno efêmero, tendo em vista a inevitabilidade do predomínio árabe.[62] Revisitando a questão do nacionalismo que ele chama de "chauvinista", Scherer afirma que ele não faz sentido quando se trata de um povo fisicamente fraco e, em geral, perverso, porque é

---

[60] *Folkstseitung*, 22 nov. 1917, em Zvi Gitelman, *Jewish Nationality and Soviet Politics*, Princeton, 1972, p. 76.
* N.T.: Em hebraico, tem a conotação de "diáspora".
[61] Howard M. Sachar, *The Course of Modern Jewish History*, London, 1958, p. 294. Sachar dá 1918 como a data desse evento; [para nós] é uma adição de Sachar.
[62] Emanuel Scherer, "The Bund", em Basil J. Vlavianos e Feliks Gross (eds.), *Struggle for Tomorrow, Modern Political Ideologies of the Jewish People*, New York, 1954, p. 172.

"um veneno terrível que adoece as relações entre indivíduos e entre povos".[63] Scherer aponta para a "limitada capacidade de absorção da Palestina".[64] Ele ficou consternado com fato de a propaganda sionista quisesse fazer acreditar que sempre haveria antissemitismo, levando a uma desconfiança permanente em relação a todos os gentios.[65] Ele também acreditava firmemente que era preciso se precaver da repetição de uma catástrofe como o Holocausto e lutar por uma melhora do mundo para a qual os judeus podiam contribuir.[66]

Liebmann Hersh, outro bundista, observa que durante os oitenta anos em que o povo judeu viveu unido em um Estado independente – os reinos de Salomão e Davi – eram ínfimos em relação à história judaica: cerca de 2% dessa história, de acordo com a hábil aritmética desse escritor.[67] Ele afirma ainda que as forças mais criativas da antiguidade judaica desenvolveram-se na época da decadência do Reino de Judá e, mais tarde, no exílio babilônico dos judeus, e diz que os líderes espirituais judeus, em momentos cruciais da história judaica, opuseram-se a um Estado judeu.[68]

6.
Eduard Bernstein

Eduard Bernstein, que também tinha ascendência judaica, mudava repetidamente sua opinião sobre o judaísmo. Ele

---

[63] Idem, p. 192.
[64] Idem, p. 172.
[65] Idem, p. 152.
[66] Idem, p. 153.
[67] Liebmann Hersch, "The Independent State in Jewish History", Unser Tsait, n. 4-5, 1949, apud Basil J. Vlavianos e Fleiks Gross, op. cit., p. 166.
[68] Idem.

oscilava entre apoiar a afirmação dos judeus de sua identidade e aderir à posição de que a assimilação era uma necessidade.[69] Embora posteriormente tenha mudado de ponto de vista,[70] Bernstein foi muito crítico em relação à autodeterminação nacional judaica. Comparando o sionismo com uma epidemia, ele escreveu que estava convencido de que o destino desta "intoxicação" sionista seria similar ao de uma epidemia: iria desaparecer. Seu desaparecimento, segundo Bernstein, não seria imediato, pois fazia parte de uma "reação nacionalista" que havia inundado a "burguesia mundial" e estava tentando penetrar no socialismo mundial.[71]

7.
Lênin

Lênin via os judeus divididos em duas categorias muito distintas: os da Rússia e da Galícia e os que viviam nos países ocidentais. Referindo-se ao primeiro grupo, afirmou que eles viviam em países atrasados e semibárbaros, em que os judeus eram mantidos à força em condição de casta.[72]

O que Lênin entendia por essa categorização dos judeus como uma "casta"? Essa definição foi, como vimos, usada pela primeira vez por Kautsky. Sugeriu-se que a caracterização de Lênin se originou primeiro da propensão dos judeus de manter sua independência em relação ao ambiente e de

---

[69] Robert S. Wistrich, *Revolutionary Jews from Marx to Trotsky*, London, 1976, pp. 60-75; Eduard Bernstein, "Das Schlagwort und der Anti-semitismus", *Die Neue Zeit*, v. 2, n. 35, 1892-93, pp. 236-7; Eduard Bernstein, *Die Aufgaben der Juden im Weltkriege*, Berlin, 1917.
[70] Eduard Bernstein, *Die Aufgaben*, p. 32. Robert S. Wistrich, *Revolutionary Jews*, pp. 70, 71, 74, 75.
[71] Eduard Bernstein, "Der Schulstreit in Palastina", *Die Neue Zeit*, v. 2, n. 20, publicado em 13 fev. 1914, pp. 744-5, 752.
[72] Lênin, "Critical Remarks on the National Question", Collected Works, v. 20, Moscow, 1964, p. 26.

sua exigência ritual de pureza imposta pelas leis religiosas em relação aos atos da vida diária.[73] Em segundo lugar, derivava-se da própria religião judaica e de suas tradições, o isolamento dos judeus dos centros de articulação social e seu confinamento em certa especialização profissional, em particular aquelas profissões moralmente desprezadas e condenadas, mas, no entanto, essenciais para o bom funcionamento da sociedade. Não é, pois, surpreendente que Lênin não considerasse os judeus como uma classe ou uma nação, pois as últimas categorias eram baseadas em critérios completamente diferentes.[74]

Lênin sustentava seu ponto de vista enfatizando que os judeus não tinham território nem uma língua e que uma nação sem território e língua era algo impensável.[75] Defendia, portanto, a assimilação dos judeus em seu ambiente, argumentando que não havia outra solução para eles exceto sua integração à massa geral da população.[76] Lênin queria que os judeus do Pale seguissem o exemplo dado por seus irmãos nos países ocidentais:

> Ali os judeus não vivem como uma casta segregada. Ali as grandes características progressistas da cultura judaica permanecem claramente reveladas: seu internacionalismo, sua identificação com o movimento vanguardista da época... os melhores judeus, aqueles que são celebrados na história mundial e dentre os quais surgiram os líderes mundiais da democracia e do socialismo, jamais clamaram contra a assimilação.[77]

---

[73] Annie Kriegel, *Les Juifs et le Monde Moderne*, Paris, 1977, p. 194.
[74] Idem.
[75] Lênin, "'The Position of the Bund in the Party'", *Collected Works*, v. 7, Moscow, 1961, p. 99.
[76] Idem, p. 101.
[77] Lênin, "Critical Remarks", cit., pp. 26 e 29.

Segundo Lênin, aquele que resiste a essa tendência, como os bundistas ou os sionistas, "contempla o carácter antigo do judaísmo com temor reverencial". Esse objetor é um inimigo do proletariado e, entre o povo judeu, apoia tudo o que está fora de moda e ligado à casta; é cúmplice dos rabinos e da burguesia, "um filisteu reacionário judeu, que deseja que a roda da história retroceda"[78]... e que seja fomentado o espírito do gueto.[79] Observadores notaram que, posteriormente, Lênin mudou de posição em relação aos judeus e passou a aceitá-los como nacionalidade. Contudo, isso não afetou seu extremo antissionismo.[80]

8.
Trotsky

Trotsky, outro revolucionário judeu que desempenhou papel de liderança no movimento comunista, também associava antissionismo e antissemitismo. Ele acreditava "que era supérfluo fazer dos judeus um tópico especial de discussão ou engajar-se em um embate particularista contra o antissemitismo. O advento da sociedade socialista sem classes iria 'resolver' automaticamente o problema".[81]

O antissionismo de Trotsky era motivado por uma profunda animosidade contra Theodor Herzl, o fundador do sionismo moderno, a quem chamava de um "aventureiro

---

[78] Idem, pp. 26-9.
[79] Lênin, "The Position", cit., p. 101.
[80] Norman Levine, "Lenin on Jewish Nationalism", *The Wiener Library Bulletin*, v. 33, n. 51-2 (new series), 1980, pp. 46-51.
[81] Robert S. Wistrich, *Jewish Chronicle*, 15 fev. 1980.

desavergonhado, uma figura repulsiva", acusando-o de "perfídia diabólica, atrevimento e trapaça e engano diplomáticos".[82]

Ao observar a situação na Palestina, ele era de opinião de que o conflito entre judeus e árabes não poderia ser resolvido no âmbito do "capitalismo apodrecido e sob o controle do imperialismo britânico".[83] As tentativas de resolver a questão judaica por meio da migração de judeus para a Palestina eram uma "trágica zombaria do povo judeu".[84]

Interessado em granjear a simpatia dos árabes, mais numerosos do que os judeus, o governo britânico, de acordo com Trotsky, havia modificado drasticamente sua política em relação aos judeus e, na verdade, renunciado à promessa de ajudá-los a encontrar seu próprio lar em um país estrangeiro. O futuro poderia muito bem transformar o país em uma armadilha sangrenta para centenas de milhares de judeus.[85]

Trotsky não veria sua terra prometida do socialismo mundial. Ele iria sucumbir ao terrível ferimento infligido por um picador de gelo nas mãos de um dos capangas de Stalin.[86]

9.
Depois de 1917

Depois da Revolução Russa e da ascensão dos bolcheviques ao poder em 1917, o antissionismo de esquerda passou a se beneficiar de um poderoso aparato estatal para disseminar sua ideologia.

---

[82] Joseph Nedava, *Trotsky and the Jews*, Philadelphia, 1972, p. 197.
[83] Leon Trotsky, entrevista em 18 jan. 1937, em "On the Jewish Question", *Fourth International*, v. 6, n. 12, dez. 1945, pp. 377-9.
[84] "The Trotsky Archives", em Joseph Nedava, op. cit., p. 209.
[85] Idem.
[86] Robert S. Wistrich, *Revolutionary Jews*, cit., p. 207.

No cenário internacional, os novos governantes viam-se como radicalmente opostos e ameaçados pelas potências capitalistas-imperialistas. As conquistas da Grã-Bretanha no Oriente Médio e seu apoio a uma pátria judaica, conforme expresso pela Declaração Balfour, eram considerados com a maior aversão.[87] Em nível doméstico na Rússia, o sionismo era visto como "um movimento que incluía quase toda a *intelligentsia* judaica" e, quando bem-sucedido,

> irá tirar de nós imediatamente inúmeros trabalhadores, como engenheiros, médicos, farmacêuticos, arquitetos e outros especialistas, de quem precisamos muito para construir nossa economia nacional e a quem somos obrigados a honrar por causa de nossa inferioridade.[88] A propaganda sionista causa danos reais... pois sempre retardou a associação das massas judaicas com o movimento revolucionário.[89]

Os sionistas foram acusados de trazer à tona a "feiura da vida judaica".[90] Afirmava-se que, levando-se em conta que as más condições na Rússia pré-revolucionária haviam levado os judeus, compreensivelmente, a escolherem o sionismo, o advento do socialismo estava tornando melhores as coisas para eles: abria as portas para o progresso civil, permitindo aos judeus que se tornassem parceiros no governo do país e

---

[87] Samuel Agursky (ed.), *Di Yidishe Komisaryaten un di Yidishe Komunistische Sektsies: Protokoln, Rezolutsiyes un Dokumentn, 1918–1921*, Minsk, 1928, p. 228, apud Guido G. Goldman, *Zionism under Soviet Rule (1917-1928)*, New York, 1960, p. 21; *Jewish Chronicle*, 1 mar. 1918.

[88] Arieh Lieb Tsentsiper, "Khozer Sodi me-et V. Z. K. Al ha-Milkhamá bi-Tenuá ha-Tzionit, Iuli 1920", *Schenot Redifot*, Tel Aviv, 1930, p. 270, apud Ran Marom, "The Bolsheviks and the Balfour Declaration 1917-1920", *The Wiener Library Bulletin*, 29, 37/38, 1976, pp. 20-9; Robert S. Wistrich (ed.), *The Left Against Zion*, London, 1979, p. 23.

[89] Arieh Lieb Tsentsiper, "Tazkir me-et ha-Vaad ha-Rashi shel ha-Brit ha-Yehudit 'Komfarband' be-Ukraina el ha-Komissarion le-Ynianei Pnim shel Ukraina, 4 Iuli 1919", *Esser Schenot Redifot*, cit., p. 262.

[90] Z. Greenberg, *Die Zionisten oif der Idisher Gas*, Petrograd, 1918, p. 19, apud Guido G. Goldman, op. cit., p. 38.

participassem ativamente de seu futuro.[91] Por que, então, eles deveriam aspirar a um Estado judeu, ainda mais em um lugar distante e isolado?[92]

Após a Segunda Guerra Mundial, a União Soviética retomou seus ataques ao sionismo, descrito como uma tendência política nacionalista e reacionária, que emergiu e se espalhou em um período no qual a perseguição e a repressão antissemitas eram infligidas às massas populares judaicas. A alegação era de que os sionistas consideravam o antissemitismo inevitável e eterno. O sionismo era criticado por apoiar a cooperação de classe com a burguesia judaica, distraindo os trabalhadores judeus de sua luta comum com os trabalhadores de outras nacionalidades. O mantra da ligação do sionismo com o imperialismo também era proeminente.[93]

10.
Partidos comunistas em países não comunistas

A oposição ao sionismo também tem sido expressa por diversos partidos comunistas em países não comunistas. O Partido Comunista Palestino, formado por judeus e árabes, por exemplo, combinou temas tradicionais e novos. Entre os velhos temas incluía-se a oposição à potência imperialista, a Grã-Bretanha.[94] Mais originais foram os ataques aos palestinos e à liderança dos

---

[91] Yoseph Barzilai, "Sikhot Im Schimon Dimanshtein", *Heavar*, v. 15, maio 1968, p. 231.
[92] Idem.
[93] Verbete "Zionism", em *Bolshaya Sovetskaya Entsiklopediya*, v. 51, 1945, apud Lukasz Hirszowicz, "Soviet Perceptions of Zionism", *Soviet Jewish Affairs*, v. 9, n. 1, 1979, p. 55.
[94] "The Revolt in Palestine", Communique of the Central Committee of the Palestine Communist Party, *Inprecor*, nos. 54 e 56, 1929, apud Musa Budeiri, *The Palestine Communist Party 1919-1948*, London 1979, p. 30.

países árabes por suas políticas desastrosas com relação ao sionismo e à Grã-Bretanha.[95] Igualmente novas foram as expressões de solidariedade para com os camponeses locais,[96] o ataque contra os proprietários feudais árabes que venderam suas terras aos sionistas, privando assim os camponeses de seus ganhos,[97] e o apelo aos trabalhadores judeus para que abraçassem a causa de seus colegas trabalhadores árabes contra os sionistas.[98] O antissionismo do Partido Comunista Americano era muito semelhante. Uma permutação com sabor local foi, no entanto, perceptível. Não só o imperialismo britânico foi atacado,[99] mas também o papel desempenhado pelos Estados Unidos na estrutura sionista-capitalista.[100] De um lado estavam os árabes locais, na gloriosa luta pelo seu próprio país,[101] junto com as enganadas massas judias;[102] do outro lado, encontravam-se as potências capitalistas-imperialistas e os sionistas, acusados de segregacionismo,[103] covardia[104] e fascismo.[105]

---

[95] Entrevista com Nimr Odeh, do Partido Comunista Palestino, Beirute, 10 mar. 1974, apud Musa Budeiri, op. cit., p. 96. Ver também Leaflet of the Central Committee of the Palestine Communist Party, *Falastin*, 14 set. 1936, apud Musa Budeiri, op. cit.

[96] "To the Masses of Oppressed Peasants: Life or Death", Arabic Leaflet of the Central Committee of the Palestine Communist Party, jan. 1930, apud Musa Budeiri, op. cit., p. 52; "Remember Peasant", panfleto de autoria anônima adornado com a foice e o martelo, 1932, apud Musa Budeiri, op. cit.

[97] "The Tasks of the Palestine Communist Party in the Countryside", Resolutions of the Seventh Congress of the Palestine Communist Party, 1930, pp. 170, 174, apud Musa Budeiri, op. cit., p. 71.

[98] "Instruction of Palestine Communist Party Secretariat to the members", Circular Letter n. 3, maio 1932, apud Musa Budeiri, op. cit., p. 55.

[99] *Freiheit*, 27 jul. 1922, apud Stuart Eugene Knee, *Vision and Judgment: The American Critics of the Zionist Movement, 1917-1941*, Ann Arbor, 1974, p. 293.

[100] *Freiheit*, 29 out. 1930, apud Stuart Eugene Knee, op. cit., p. 297; *The Revolutionary Age*, 22 nov. 1930, apud Stuart Eugene Knee, op. cit.

[101] Declaração proferida por Melech Epstein em um piquenique comunista em Cleveland, *The Daily Worker*, 7 set. 1929, apud Stuart Eugene Knee, op. cit., p. 295.

[102] *The Daily Worker*, 3 set. 1929, apud Stuart Eugene Knee, op. cit.

[103] *The Workers Age*, 30 maio 1936, apud Stuart Eugene Knee, op. cit. p. 301.

[104] *Freiheit*, 31 ago. 1929, apud Stuart Eugene Knee, op. cit., p. 294.

[105] *The Revolutionary Age*, 11 jul. 1931, apud Stuart Eugene Knee, op. cit., p. 298.

11.
Após a independência de Israel

Não obstante seu apoio às aspirações de Israel por um Estado judeu, a União Soviética exigiu o retorno às fronteiras da Partilha de 1947, uma exigência associada com a tradicional ideologia comunista: os líderes burgueses de Israel como títeres do imperialismo anglo-americano e a alegação de que a classe trabalhadora israelense era explorada por seu governo burguês.[106]

Uma campanha de difamação do sionismo sem paralelo, na qual alegações exorbitantes e linguagem vulgar eram proeminentes, teve início em 1963 com a publicação da obra *Judaism without Embellishment* (Judaísmo sem embelezamento), de Trofim Kichko, pela Academia Ucraniana de Ciências. O livro identificava o judaísmo com a ganância e a usura dos banqueiros judeus, com o sionismo, Israel e o capitalismo ocidental, em uma conspiração universal tenebrosa.[107]

A vitória de Israel na Guerra dos Seis Dias de 1967 sobre os árabes, que eram apoiados pelos soviéticos, provocou uma campanha virulenta. De acordo com a revista ucraniana *Peretz*, de outubro de 1967,

> Os banqueiros sionistas alemães abriram generosamente seus cofres para Hitler... As câmaras de gás de Treblinka foram construídas com o dinheiro dos sionistas "arianos"... sionistas italianos ajudaram Mussolini a assumir o poder... Agora, até os sionistas mais ortodoxos seriam incapazes de

---

[106] Disponível em: <revolutionarydemocracy.org/rdv12n2/ehrenburg.htm>. Acesso em: 27 mar. 2017.
[107] Disponível em: <http://www.ajcarchives.org/AJC_DATA/Files/668.pdf>. Acesso em: 27 mar. 2017.

negar que todos os principais crimes contra a humanidade foram cometidos com a participação dos sionistas.[108]

De acordo com o *International Affairs*, a política de Israel com relação aos territórios árabes ocupados

involuntariamente traz à mente as práticas nazistas durante a Segunda Guerra Mundial. Existe a mesma nomeação imediata de gauleiters para as áreas recém-ocupadas; o implacável tratamento de prisioneiros de guerra e da população nativa; o terrorismo e a expulsão da população de sua antiga pátria; a pilhagem e o "desenvolvimento" dos territórios ocupados... tudo... repugnantemente reminiscente da "nova ordem na Europa" de Hitler.[109]

Tudo isso estava muito longe das críticas antissionistas dos fundadores do antissionismo de esquerda.

12.
Temas contemporâneos

Uma análise do antissionismo de esquerda seria incompleta sem menção àqueles grupos sob a égide dos ilustres fundadores da ideologia da esquerda: marxistas, leninistas, trotskistas, stalinistas, maoístas e outros, cuja marginalidade, extremismo de opiniões e sucesso entre os jovens, especificamente na universidade, são bem conhecidos.

O principal ideólogo trotskista do sionismo[110] foi Abraham Léon, um judeu belga que considerava o sionismo uma conse-

---

[108] "Les Juifs en Europe de l'Est", *Peretz* n. 24, 1967, p. 28, apud Léon Poliakov, *De L'Antisionisme à L'Antisémitisme*, Paris, 1969, p. 127.
[109] L. Sedin, "The Arab People's Just Cause", *International Affairs*, n. 8, 1967, p. 26, apud Baruch A. Hazan, *Soviet Propaganda – A Case Study of the Middle East Conflict*, Jerusalem, 1976, p. 161.
[110] Walter Laqueur, op. cit., New York, 1972, p. 433.

quência do antissemitismo.[111] O sionismo, na sua concepção, teve a ajuda da burguesia judia, que almejava que aqueles judeus que haviam imigrado para os países ocidentais "fossem o mais longe possível".[112] Pressupondo que o sionismo teria sucesso, ele questiona "de que maneira a existência de um pequeno Estado judeu na Palestina poderia mudar alguma coisa na situação dos judeus poloneses ou alemães".[113] Aqueles que acreditam que isso ocorreria estariam, na verdade, "acometidos por uma incurável cretinice jurídica".[114]

O impacto dos escritos de Léon sobre ideólogos de esquerda posteriores pode ser visto por meio das obras de autores como Nathan Weinstock e Maxime Rodinson. Weinstock se opõe aos reacionários que "desejam preservar artificialmente a particular identidade judaica".[115] Seu estudo é uma elaboração de muitos argumentos apresentados de uma nova forma, como, por exemplo, a dependência dos sionistas em relação ao antissemitismo e sua aliança com o imperialismo. O ensaio mais famoso de Rodinson, "Israel, Fait Colonial?", é considerado por muitos antissionistas uma das melhores exposições da tese sobre a natureza colonial do sionismo.[116]

Outro trotskista, Lenni Brenner, fundamenta seus ataques ao sionismo e ao Estado de Israel no que ele denomina "conluio sionista com fascistas e nazistas" durante a Segunda Guerra Mundial, que ele alega comprovar em seu livro.[117]

Ken Livingstone, proeminente membro do Partido Trabalhista britânico, afirmou, com base no trabalho de

---

[111] Abraham Léon, *The Jewish Question. A Marxist Interpretation*, New York, 1970, p. 244.
[112] Idem, p. 245.
[113] Idem, p. 253.
[114] Idem.
[115] Nathan Weinstock, *Zionism: False Messiah*, London, 1979, p. 25.
[116] Maxime Rodinson, "Israel, Fait Colonial?", *Les Temps Modernes*, Dossier Le Conflit Israélo-Arabe, n. 253 bis, 1967, pp. 17-88.
[117] Lenni Brenner, *Zionism in the Age of the Dictators*, London, 1983, p. 269.

Brenner, que "Quando Hitler ganhou a eleição em 1932, sua política na época era de que os judeus deveriam ser transferidos para Israel. Ele apoiava o sionismo antes de enlouquecer e acabar matando seis milhões de judeus".[118]

ANTISSIONISMO DA CONSPIRAÇÃO

Uma das fontes do ataque da direita contra Israel e o sionismo é a chamada teoria da conspiração antissemita, cuja origem encontra-se nos *Protocolos dos sábios de Sião*, um documento forjado que circulou na Europa na virada do século. Consistia nas atas das chamadas deliberações secretas dos líderes do mundo judaico, que conspiravam para controlar o destino do mundo. O primeiro congresso sionista na Basileia, em 1897, era considerado o marco dessas reuniões demoníacas.[119]

O antissionismo da conspiração é verificado em quatro grupos: cristãos, nazistas, neonazistas e negacionistas do Holocausto.

13. O antissionismo cristão da conspiração

De acordo com o jornal jesuíta *La Civiltà Cattolica*, um veículo cristão propagador da teoria da conspiração no âmbito do antissionismo,

---

[118] Ken Livingstone, entrevista à rádio BBC, transcrita na íntegra, *The Independent*, 28 abr. 2016. Para uma análise mais profunda da posição do Partido Trabalhista britânico sobre o sionismo e Israel, ver Dave Rich, *The Left's Jewish Problem: Jeremy Corbyn, Israel and Anti-Semitism*, Londres, 2016. David Hirsh, *Contemporary Left Antisemitism*, London, 2018. Ken Livingstone subsequentemente se demitiu do Partido Trabalhista.

[119] Norman Cohn, *Warrant for Genocide, The Myth of the Jewish World Conspiracy and the Protocols of the Elders of Zion*, London, 1967.

A criação de um Estado judeu aumentaria a ameaça judaica... [porque os judeus são] aproveitadores astutos [que] penetram em todas as organizações internacionais... especialmente na Maçonaria e na Liga das Nações.[120]

Segundo outra fonte, Gerald Smith, um autoproclamado cruzado cristão nos Estados Unidos,

> O sionismo judeu é a ponta de lança do Anticristo nesta terra, dedicado à evaporação da religião cristã, da população cristã e da autoridade governamental das nações que são predominantemente cristãs. Os inimigos de Cristo estão determinados a vencer com a ajuda das Nações Unidas, e não por meio do que as pessoas chamam de um Governo Mundial, mas pela manipulação política, pelo poder financeiro e militar do sionismo mundial.
>
> Choro e gemo e oro quando percebo o quão ignorante é o povo americano no que diz respeito ao que realmente está acontecendo e quão perto estamos da aniquilação, da destruição e da sublevação revolucionária, com a máquina judeu-sionista do mundo pairando sobre nós, determinada a drenar nosso sangue e nosso bolso com o estabelecimento de seu Domínio Imperial no falso Estado de Israel.[121]

O anglicano Kamal Nasser, porta-voz do Comando Unido da Revolução Palestina, foi morto por comandos israelenses durante um ataque a Beirute em abril de 1973.[122] Em uma só jogada, Nasser é capaz de juntar visões conspiratórias e sua teologia cristã com as ideologias extrínsecas ao marxismo a fim de atacar o sionismo:

---

[120] *La Civiltà Cattolica*, 4 jun. 1936.
[121] Gerald Smith, *The Cross and the Flag*, respectivamente, 20 mar. 1973, 19 abr. 1973 e 7 maio 1973, apud Arnold Forster e Benjamin R. Epstein, *The New Anti-Semitism*, New York, 1974, p. 297.
[122] Sua afiliação religiosa e sua morte trágica são mencionadas por Tony Crow, "The Churches and the Middle East", *Christian Action Journal*, edição especial, The Middle East Conflict, outono de 1977, p. 19. col.1.

O sionismo [está] no mesmo nível do imperialismo... Aos olhos... [d]aqueles cuja fé está associada à libertação do homem da exploração e da escravidão [a influência do sionismo é vista como tão ruim quanto]... No que tange à dominação mundial sionista, estamos convencidos de que o sionismo não só foi capaz de se infiltrar nas diferentes comunidades do mundo ocidental, mas também de penetrar inclusive na Igreja Cristã e submetê-la muitas vezes aos seus desejos e à sua cobiça.[123]

14.
O antissionismo nazista da conspiração

A ideia da ânsia judaica pelo poder foi retomada pela ideologia nazista e é a base de seu ataque ao sionismo. Este último é considerado tanto um produto quanto um meio de conspiração e, portanto, igualmente perverso.

Escreveu Hitler em *Mein Kampf* (*Minha luta*):

> Enquanto os sionistas tentam fazer o restante do mundo acreditar que a consciência nacional do judeu encontraria satisfação na criação de um Estado na Palestina, os judeus novamente ludibriam os tolos *goyim* [gentios]. Nem cogitam construir um Estado judeu na Palestina com o propósito de ali viverem; tudo o que desejam é uma organização central para sua falcatrua mundial internacional.[124]

Tão logo o Estado judeu seja estabelecido, os judeus terão uma perfeita fachada legal por trás da qual poderão mascarar suas atividades, disseram os nazistas.

---

[123] "Discours prononcé par M. Kamal Nasser, Porte-Parole du Commandement Unifié et de la Révolution Palestinienne", *Pour La Palestine, Actes de la Première Conférence Mondiale des Chrétiens pour la Palestine*, Beyrouth, maio 1970, Paris, 1972, pp. 85-6.
[124] Adolf Hitler, *Mein Kampf*, London, 1977, p. 294.

Escreveu Von Neurath, então ministro das Relações Exteriores da Alemanha:

A formação de um Estado judeu... não é do interesse da Alemanha, uma vez que um Estado palestino não absorveria o mundo judaico, mas criaria uma posição adicional de poder sob a égide do direito internacional para o judaísmo internacional, algo como o Estado do Vaticano para o catolicismo político ou Moscou para o Comintern.[125]

Os sionistas fizeram acordos com os judeus antissionistas; eles cooperaram no desenvolvimento da Palestina. A oposição dos judeus religiosos e assimilacionistas ao sionismo é uma camuflagem, afirmou Alfred Rosenberg.[126] Sionistas e antissionistas são uma coisa só, escreveu Heinz Riecke.[127]

Os objetivos maquiavélicos do Estado judeu são racionais e consistentes, declarou Heinrich Hest. Não são algo novo. Na época do rei Salomão, os judeus já haviam conseguido estabelecer um império. O conteúdo do Talmude também revela esses planos. Esse empreendimento está fadado ao fracasso. Primeiro porque os judeus não são capazes de criar um Estado próprio bem-sucedido. Em segundo lugar porque os nazistas tomaram conhecimento de seus objetivos e irão detê-los. Tampouco é verdade que a Palestina seja sua pátria, suas origens são desconhecidas.[128]

Em suma, os nazistas consideravam o sionismo um *Perigo Mundial*. Este é o subtítulo do livro de Heinz Riecke sobre o sionismo. Eles, os nazistas, conseguiram identificá-lo. O que

---

[125] Constantin von Neurath, telegrama de 1 jun. 1937 aos representantes alemães na Grã-Bretanha, Jerusalém e Iraque, *Documents on German Foreign Policy 1918-1945*, London, 1953, série D, v. 5, p. 746.
[126] Alfred Rosenberg, *Der Staatsfeindliche Zionismus*, Munique, 1938, p. 80.
[127] Heinz Riecke, *Der Zionismus*, Berlin, 1939, p. 61.
[128] Heinrich Hest, *Palästina: Judenstaat?*, Berlin, 1939, p. 23.

fizeram aos judeus foi por eles considerado sua contribuição para a supressão do sionismo.

15. O antissionismo neonazista da conspiração

A exposição da malignidade do nazismo não impediu que suas ideias fossem defendidas desde a Segunda Guerra Mundial e até os dias atuais. A Frente Nacional Britânica, criada no final dos anos de 1960, propicia um bom exemplo de neonazismo. É inspirado por mentores como A. K. Chesterton, que oferece a seguinte analogia médica:

> O mundo árabe tem produzido anticorpos com os quais pode resistir à aplicação em seu seio da toxina sionista... Não sei até que ponto a analogia médica pode ir... Dizer aos árabes... que eles devem encontrar um *modus vivendi* com Israel (e aqui não pretendo ofender os judeus) é como dizer a um organismo que ele deve encontrar um *modus vivendi* com o câncer.[129]

John Tyndall, um dos líderes da Frente Nacional, em uma abordagem sutil, escreve sobre o tema dos *Protocolos [dos sábios de Sião]*, dizendo que podem ser uma falsificação, mas, se assim for, é uma ficção baseada na realidade, tendo sua popularidade como prova de autenticidade.[130]

Martin Webster, outro líder da Frente Nacional, afirma que o objetivo sionista é

> manter o povo judeu comum em um estado constante de histeria e debandada, para que possa ser mais

---

[129] A. K. Chesterton é citado por Rosine de Bounevialle, "Mysterious Mid-East", *Candour*, v. 24, n. 538-9, out. - nov. 1973, pp. 105-6 e datado como sendo de 1967.
[130] John Tyndall, "The Jewish Question: Out in the open or under the carpet", *Spearhead*, n. 89, mar. 1976, p. 6.

implacavelmente subjugado, a fim de permitir o fluxo contínuo de imensas doações financeiras das quais o movimento sionista necessita para que Israel continue a sobreviver.[131]

A Frente Nacional foi muito longe – talvez tenha atingido o ápice do antissionismo – a ponto de afirmar que os sionistas, a fim de alcançar seu objetivo, têm encenado ataques contra seus próprios companheiros judeus. Ela declara, por exemplo, que a explosão da bomba colocada do lado de fora de uma sinagoga em Paris teria sido programada para detonar quando todos os judeus estivessem dentro do edifício e quando apenas os transeuntes estariam em perigo.[132]

Na esteira da crise de 2014 na Ucrânia, o Partido Nacional Britânico afirmou que

> ingênuos nacionalistas ucranianos culpam a Rússia pelo assassinato de milhões durante a década de 1930, os bolcheviques não eram, em sua maioria esmagadora, russos... o racismo e o supremacismo judaicos radicais e o ódio anticristão que na década de 1930 produziu o terror bolchevique encontram agora, em grande parte, seu escape no sionismo extremista, no fanatismo antibranco e no globalismo dos neoconservadores.[133]

16.
Negacionistas do Holocausto

Os negacionistas do Holocausto estão insatisfeitos com o que consideram imunidade dada ao sionismo e/ou a Israel

---

[131] Martin Webster, "Media Zionists show their hand", *Spearhead*, n. 91, maio 1976, p. 5.
[132] "'Nazi' Terror Scare A Zionist Hoax", *National Front News*, n. 28, nov.-dez., 1980, p. 1. Ver também o editorial em *New Nation*, n. 2, outono de 1980, p. 1 e John Tyndall, "Behind the Bombings and the Wailings", *Spearhead*, n. 145, nov. 1980, p. 6.
[133] Disponível em: <https://www.bnp.org.uk/news/national/ukraine-official-statement>. Acesso em: 31 out. 2016.

por seus atos devido ao Holocausto. Para superar isso, eles agora examinam criticamente a origem dessa chamada imunidade, o Holocausto, com o objetivo de provar que muito do que se relata não foi o que realmente aconteceu, que na verdade o sionismo/Israel o reescreveu com o intuito de obter apoio e imunidade por suas ações.

Paul Rassinier, um sobrevivente francês do Holocausto, escreve sobre a fabricação e a falsificação de documentos históricos,

> um sob o manto social de um comitê para a pesquisa de crimes de guerra e criminosos de guerra, com sede em Varsóvia, o outro sob o manto do centro mundial de documentação contemporânea judaica, cujas filiais mais importantes estão em Tel Aviv e em Paris.[134]

Robert Faurisson, um professor universitário francês, alega que

> As chamadas "câmaras de gás" e o chamado "genocídio" são uma e a mesma mentira... Essa mentira, cuja origem é essencialmente sionista, é a responsável pelo gigantesco embuste político-financeiro do qual o Estado de Israel é o principal beneficiário, possivelmente... As principais vítimas dessa mentira e desse embuste são os povos alemão e palestino.[135]

Arthur R. Butz, um americano, afirma que a prova de que o genocídio é uma invenção da propaganda dos Aliados, especialmente da propaganda judaica e mais especificamente da sionista, é que os judeus têm uma tendência, sob a influência do Talmude, de criar números imaginários.[136]

---

[134] Paul Rassinier, *Le Drame des Juifs Européens*, Paris, 1964, p. 8.
[135] Robert Faurisson, texto enviado a várias personalidades, em Serge Thion, *Verité Historique ou Verité Politique?*, Paris, 1980, p. 93.
[136] Arthur R. Butz, *The Hoax of the Twentieth Century*, Torrance, 1979, pp. 245-8.

Ditlieb Felderer, um escritor sueco, alega que o diário de Anne Frank é uma "farsa usada para obter apoio ao gangsterismo sionista e mascatear o agora tão odioso Sião-racismo".[137] Adicionando um elemento de depravação sexual ao repertório de acusações antissionistas, Felderer afirma ver prova da falsificação no fato de Anne Frank lhe parecer sexualmente pervertida – atribuindo-lhe características de lesbianismo incipiente – e assevera que a obra não é de autoria de Anne Frank, mas de alguém que está tentando aumentar a popularidade do livro.[138] É a "primeira obra pornográfica a surgir depois da Segunda Guerra Mundial... a descrição de uma adolescente sobre seus casos sexuais pode ser provavelmente o primeiro pornô infantil a ser publicado em todos os tempos".[139]

ANTISSIONISMO CRISTÃO

A ideologia antissionista cristã é a explicação e a justificativa para esse tipo de antissionismo.

O cristianismo é complexo, fragmentado em diferentes igrejas, algumas das quais defendem uma visão antissionista. A oposição ao sionismo e ao Estado de Israel é baseada em várias considerações teológicas cristãs.

---

[137] *Bible Researcher*, n. 160, 1979, p. 7, apud Ian R. Barnes e Vivienne R. P. Barnes, "A 'Revisionist Historian' Manipulates Anne Frank's Diary", *Patterns of Prejudice*, v. 15, n. 1, jan. 1981, p. 27.
[138] Ditlieb Felderer, *Anne Frank's Diary: a Hoax*, 1979, pp. 10-1, apud Ian R. Barnes, op. cit., p. 31.
[139] Idem, p. 64.

17.
"Deicídio"

Acima de tudo, os judeus são culpados pelo crime de deicídio. Os cristãos consideram que os judeus foram os responsáveis pela morte de Jesus Cristo. Foi principalmente com base nessa premissa que a Igreja perseguiu os judeus. Esse tem sido o mais poderoso e difundido agente na história do antissemitismo.[140] O sionismo, sendo produto de judeus, é combatido pelos cristãos de modo similar ao judaísmo, também por motivos deicidas.

Um exemplo de antissionismo católico motivado pelo argumento de deicídio pode ser encontrado em um memorando encaminhado em 1924 ao governo italiano e à Liga das Nações pela Associação Cristã Italiana Para a Defesa dos Lugares Sagrados. O documento começava com referência à "imunda ralé judia; a raça dos assassinos do Senhor", que começou a invadir a Terra Santa, e prosseguia argumentando que o sionismo deveria ser detido.[141]

O *Christian Century*, um semanário protestante americano, publicou em seu editorial que Jesus "tinha um programa para Israel que se contrapunha ao valorizado nacionalismo dos líderes de Israel – políticos e eclesiásticos. Ele se opunha ao nacionalismo deles com o universalismo do amor de Deus e do reino de Deus".

A ambição dos judeus era fazer de Israel e do Deus de Israel o poder dominante no mundo, porém Jesus, com seus ensinamentos, ameaçou essa ambição e "entrou em um embate com os governantes de Israel [que] o consideraram [uma]

---

[140] Léon Poliakov, *Histoire de l'Antisémitisme*, Paris, 4 v., 1955, 1961, 1968, 1977.
[141] Pinchas Lapide, *Three Popes and the Jews*, New York, 1967, p. 91.

pessoa sediciosa, uma ameaça ao seu nacionalismo fantástico e aos seus direitos e prestígio adquiridos".[142]

Os cristãos antissionistas acusaram os sionistas de terem realmente crucificado os palestinos. Aqui, a oposição a um Estado judeu não provém de um passado muito distante, ela deriva do conflito árabe-israelense contemporâneo. De acordo com Maximos V Hakim, o patriarca de Antioquia e de todo o Oriente, de Alexandria e de Jerusalém, detentor da posição mais alta na hierarquia greco-católica na região, "[O] povo árabe da Palestina... [tornou-se], há mais de cinquenta anos, o novo cordeiro de Deus, escarnecido e crucificado".[143]

18.
"Descrença"

O sionismo é também combatido com base na descrença dos judeus na religião cristã. Um dos fundamentos significativos da teologia cristã é propagar-se o máximo possível, cristianizando a humanidade. A libertação do homem ou da mulher só é considerada viável em um mundo no qual todos os homens e mulheres optaram por seguir a Cristo. Essa crença tem sido utilizada no contexto do antissionismo. O Estado de Israel, quando estabelecido, representaria uma conquista e um símbolo dos incrédulos judeus, uma antítese, um obstáculo à missão universal da Igreja, devendo, portanto, ser combatido.

Em 23 de janeiro de 1904, foi concedida a Theodor Herzl uma audiência com o então secretário de Estado do Vaticano, o cardeal Merry del Val. Sua posição era a seguinte:

---
[142] *Christian Century*, 3 maio 1933.
[143] Message de Sa Béatitude Maximos V Hakim, Conférence Mondiale des Chrétiens pour la Palestine, *Cahiers du Témoignage Chrétien*, n. 52, Paris, p. 22.

Por todo o tempo em que os judeus negarem a divindade de Cristo, certamente não poderemos fazer uma declaração em seu favor... eles negam a natureza divina de Cristo. Como podemos, então, sem abandonar nossos princípios mais elevados, concordar em que lhes seja dada a posse da Terra Santa novamente?... para que nos declaremos a favor do povo judeu da maneira que deseja, primeiramente esse povo teria que ser convertido.[144]

Três dias depois, Herzl teve uma audiência com o papa Pio X, que simplesmente reiterou o mesmo argumento:

Não podemos dar aprovação a esse movimento. Não podemos impedir os judeus de ir a Jerusalém – mas nunca poderíamos sancioná-lo. O solo de Jerusalém, se nem sempre sagrado, tem sido santificado pela vida de Jesus Cristo. Como chefe da Igreja, não posso dizer nada diferente. Os judeus não reconhecem nosso Senhor, portanto, não podemos reconhecer o povo judeu [e sua aspiração a uma existência nacional].[145]

O cristianismo, afirma-se, é superior a outras religiões. "A religião judaica, como qualquer outra religião, é um elemento estranho", segundo o *Christian Century*.[146] Os judeus deveriam abandonar qualquer traço distintivo como judeus no âmbito de uma existência nacional separada. "Um simples gesto de reconhecimento seria a observância irrestrita do dia do nascimento de Jesus."[147] Caso isso não aconteça, uma ameaça é formulada: "o espírito de tolerância iria murchar"[148], "o preconceito e a raiva... irão se incendiar, ferindo-os".[149]

---

[144] Raphael Patai (ed.), *The Complete Diaries of Theodor Herzl*, London, 1960, v. 4, pp. 1593-4.
[145] Idem, pp. 1602-3.
[146] *Christian Century*, 7 jul. 1937.
[147] Idem, 20 dez. 1939.
[148] Idem, 29 abr. 1936.
[149] Idem, 9 jun. 1937.

19.
Outros argumentos cristãos

Transitoriedade: a existência dos judeus é vista como transitória. Alega-se que a leitura dos Livros Sagrados faz com que pareça que há uma renovação constante, que não pode haver realização permanente. O Estado de Israel é, então, contestado devido à alegação de que Israel é um fenômeno eterno, e isso se contrapõe à temporalidade pregada pela teologia cristã. A essência da mensagem de Jesus

> mostra que sempre existe uma nova possibilidade de futuro para o homem. Nada está definitivamente estabelecido... Não há Terra Santa. Não pode haver sionismo baseado na Bíblia se o Evangelho é, realmente, o livro que pede uma renovação constante.[150]

Substituição: outro argumento é que a promessa feita ao povo judeu no Antigo Testamento foi modificada pelo Novo Testamento, de modo que a promessa da terra é substituída pela personificação de Jesus na terra. Em *Pour la Palestine*, Georges Khodr afirma que "Jesus anuncia o Reino de Deus... A palavra terra desaparece, aquela que se refere aos herdeiros subsiste. A promessa é cumprida no Cristo. Ele representa pessoalmente a herança".[151]

Ato divino: segundo outra alegação, o restabelecimento do Estado de Israel pode acontecer apenas por um ato divino. O secretário da Conferência Mundial dos Cristãos Pela Palestina queixa-se dos judeus "que querem acabar com o exílio com a

---

[150] Philippe Marty, "La Bible, un Livre Séculier", *Pour la Palestine, Actes de la Première Conférence Mondiale des Chrétiens pour la Palestine*, Beyrouth, maio1970, Paris, 1972, pp. 76-7.

[151] Georges Khodr, "Le Sens de la Promesse de la Terre selon la Foi Chrétienne", *Pour la Palestine, Actes de la Première Conférence Mondiale des Chrétiens pour la Palestine*, Beyrouth, maio 1970, Paris, 1972, p. 48.

ajuda de meios humanos".[152] Para ele, o sionismo é, portanto, um ato de desafio à vontade de Deus e, portanto, não pode ser apoiado.

Citações do Novo Testamento: vários argumentos são comprovados com citações do Novo Testamento. Em um memorando, um grupo de teólogos cristãos do Oriente Médio de várias denominações escreveu:

> Quanto à terra, ela é um reino dos céus e será herdada pelo Espírito Santo. (As Beatitudes, Mateus 5). Entender a promessa feita a Abraão no sentido material é perverter o plano de Deus. Essa promessa só pode ser cumprida no sentido espiritual, por Cristo ressuscitado (Atos dos Apóstolos, 13:32).[153]

Eleição: de acordo com outro argumento, os judeus foram escolhidos por Deus para servirem de exemplo do destino celestial, para revelarem a todo o mundo a presença e os planos de Deus. Se os judeus devem servir a toda a humanidade para tal propósito, sua presença não pode se restringir a uma região e a uma forma particular de sociedade como o Estado. Os judeus são o povo eleito por Deus

> a fim de revelar seu plano para a salvação da humanidade em Cristo... O povo judeu tem sido chamado para viver sua própria história, a história de toda a humanidade. Uma história em que Deus salva o homem. É por isso que não é um povo com qualquer destino temporal ou político, mas existe como um exemplo do destino celestial para todos.[154]

Milenaristas: os cristãos milenaristas acreditam que o retorno do povo judeu à sua terra natal e a restauração de

---

[152] Georges Montaron, "Discours d'Ouverture", *Pour la Palestine*, cit., p. 23.
[153] Jean Corbon; Georges Khodr; Samir Kafeety e Albert Laham, *What is Required of the Christian Faith Concerning the Palestine Problem, Christians, Zionism and Palestine*, Anthology Series n. 4, The Institute of Palestine Studies, Beyrouth, 1970, p. 73.
[154] Idem, p. 72.

seu governo seriam pré-condição para o retorno de Jesus e o estabelecimento do governo mundial do cristianismo. Desnecessário dizer que o judaísmo e o Estado judeu teriam que desaparecer, de acordo com essa concepção. Trata-se de uma atitude que em essência é antissionista, mas, a curto prazo e como forma de atingir o objetivo final, é pró-sionista. Ela pode ser encontrada, por exemplo, entre os cristãos ortodoxos russos, que viam o sionismo de maneira positiva.[155]

Violência: alguns antissionistas cristãos justificam o uso da violência para alcançar seus objetivos. Testemunhem as seguintes conclusões adotadas pela Comissão Teológica de Beirute em 1970, na Conferência Mundial dos Cristãos Pela Palestina:

> Fomos... levados a reconhecer o fato de uma violência "libertadora" que desafia a consciência cristã, como uma resposta à violência original estabelecida pela vontade de poder, pela vaidade e pela superioridade material.[156]

Negação do Holocausto e Teorias da Conspiração: o reverendo Sizer, vigário da Igreja Anglicana, tem usado o seu site para "linkar" material antissemita de outros sites. Em 2014, Sizer participou como palestrante em uma conferência antissemita no Irã, que incluiu negacionistas do Holocausto e teóricos da conspiração e cujo objetivo declarado era "desvelar os segredos por trás do domínio do *lobby* sionista sobre a política dos EUA e da UE".[157]

Ideologia da Esquerda: em sua oposição ao sionismo, antissionistas cristãos também recorrem à ideologia da esquerda[158] que

---

[155] *Church Herald*, 1902, apud Mikhail Agursky, "Some Russian Orthodox Reaction to Early Zionism: 1900-1914", *Christian Jewish Relations*, n. 73, dez. 1980, pp. 54-5.
[156] "Rapport de la Commission Théologique", *Pour la Palestine, Actes de la Première Conférence Mondiale des Chrétiens pour la Palestine*, cit., p. 362.
[157] Disponível em: <https://cst.org.uk/news/blog/2014/10/02/rev-stephen-sizer-speaking-at-antisemitic-conference-in-iran>. Acesso em: 1 nov. 2016.
[158] Ver, por exemplo, a declaração do bispo greco-católico de Alepo, Sua Reverendíssima Néophytos Edelby, *Témoignage Chrétien*, 26 abr. 1973.

é alheia aos ensinamentos cristãos. Isso é paradoxal, tendo-se em mente a oposição tradicional do cristianismo a essa ideologia e a queixa específica dirigida ao sionismo e aos líderes de Israel de que o sionismo estava sob a influência do comunismo.[159]

ANTISSIONISMO JUDAICO

A ideologia antissionista judaica é a explicação e a justificativa para esse tipo de antissionismo.

Os judeus antissionistas não constituem um grupo homogêneo. Há três principais atitudes ideológicas diferentes. A emancipacionista, o antissionismo ortodoxo e o antissionismo de esquerda. As duas primeiras serão analisadas aqui. O antissionismo de esquerda foi abordado anteriormente.[160]

20.
Emancipacionismo[161]

O antissionismo emancipacionista foi uma consequência do Iluminismo nos séculos XVII e XVIII no Ocidente, quando uma nova ordem política e social emergiu, influenciada por ideais de liberdade e igualdade para todos. Os judeus se beneficiaram desse movimento em vários graus.

O antissionismo era defendido por judeus que procuravam se assimilar à sociedade gentia, o que pode ser caracterizado como "auto-ódio". Esses judeus nutriam grandes esperanças de que o novo mundo lhes abriria suas portas graças ao

---

[159] *La Croix*, 20 nov. 1948.
[160] Ver pp. 25-47.
[161] Esta seção baseia-se em Walter Laqueur, op. cit., pp. 385-407.

iluminismo, e todo impedimento à assimilação dos judeus – incluído o sionismo – era por eles considerado um anátema.

Um antissionismo semelhante também foi defendido por aqueles judeus que desejavam se integrar à sociedade gentia ao mesmo tempo que mantinham por completo, ou com alguma reforma, sua identidade judaica.

Os emancipacionistas não aceitavam a visão sionista de que uma nação na qual os judeus pudessem concretizar seu próprio destino, sem a interferência gentia, fosse o melhor antídoto para a perseguição. Eles tinham a convicção absoluta de que o antissemitismo estava prestes a ser eliminado do mundo, de que as forças do Iluminismo eram muito mais fortes do que as do antissemitismo e iriam subjugá-lo.

Os emancipacionistas acreditavam que o ódio era motivado pela especificidade que os judeus haviam mantido obstinadamente ao longo dos anos e que, tão logo os judeus se emancipassem, o fenômeno do antissemitismo desapareceria. Para eles, o sionismo também representava uma abordagem derrotista porque, em vez de lutar contra o mal, propunha abandonar o campo de batalha ao inimigo e fugir para a Palestina. Essa seria, na verdade, uma forma de fatalismo, um reconhecimento do fracasso, que apenas encorajaria o empenho daqueles que odiavam os judeus.

A acusação de dupla lealdade também foi suscitada. Em uma carta para o *The Times*, David Alexander e Claude Montefiore, respectivamente presidentes do Conselho de Deputados dos Judeus Britânicos (o órgão representativo nacional da comunidade judaica no Reino Unido) e da Associação Anglo-Judaica, expressaram a opinião de que os emancipacionistas se identificavam totalmente com o país do qual eram cidadãos, eram bons patriotas que compartilhavam a consciência nacional de sua pátria. A suposição de que os judeus são "incapazes de uma identificação social e política completa com as nações entre as quais habitam" não era em absoluto correta.[162]

Analisando esse tópico ainda mais, os emancipacionistas disseram que sentiam uma admiração genuína pela cultura de seus respectivos países. "Não leio *Fausto* como um belo poema", escreveu o filósofo alemão Hermann Cohen. "Eu o amo como uma revelação do espírito alemão. São semelhantes os meus sentimentos com relação a Lutero, Mozart e Beethoven, Stein e Bismark."[163] O sionismo, por outro lado, não tinha cultura.

A afirmação de que os judeus não formavam uma nação também era apresentada frequentemente como argumento, pois, de acordo com essa perspectiva, apenas uma nação teria direito a um Estado próprio.

O sionismo como forma de nacionalismo era muito criticado, pois se alegava que o nacionalismo fizera mais mal do que bem.

Vários emancipacionistas que conseguiram chegar a posições políticas ou sociais muito satisfatórias na sociedade gentia viam no sionismo uma ameaça à sua posição ou à sua suposta posição. E ainda questionavam: "como os países europeus que os judeus se propunham a 'abandonar' poderiam justificar sua retenção dos judeus? Por que a igualdade civil deveria ser conquistada pelos esforços extenuantes dos judeus, se os próprios judeus seriam os primeiros a renunciar à sua posição e reivindicar a mera cortesia de 'visitantes

---

[162] *The Times*, 24 maio 1927.
[163] Hermann Cohen, "Antwort auf das Offene Schreiben des Herrn Dr. Martin Buber an Hermann Cohen", *K.C. – Blatter*, n. 12, jul.-ago. 1916, p. 13.

estrangeiros'?".[164] Ludwig Geiger, na Alemanha, apelou para medidas concretas: os sionistas devem ser privados de seus direitos cívicos.[165]

Outros argumentos sustentavam que o sionismo era racista, com base na noção da especificidade dos judeus que, por sua vez, fundamentava-se na consanguinidade; que poderia ser comparado, em sua malignidade, ao niilismo, ao comunismo e à direita; que o destino do povo judeu era viver no exílio, em dispersão e em perseguição; que o sionismo era um fenômeno político e, por conseguinte, oposto ao caráter espiritual do judaísmo; e que Herzl era um falso profeta, como Sabatai Tzvi.

21.
Os rabinos do protesto

Para muitos judeus religiosos, a ideia sionista estava em contradição com o judaísmo, pois representava uma descrença na existência de Deus e com as leis religiosas judaicas.

Vários rabinos antissionistas engajaram-se em uma campanha vigorosa para provar seu ponto de vista. Eles foram chamados de "rabinos do protesto", um rótulo cunhado por Theodor Herzl, o fundador do sionismo moderno, em relação a cinco rabinos alemães signatários de um comunicado à imprensa. Diante do planejamento da realização do primeiro Congresso Sionista em 1897, os rabinos alemães, em nome da Associação de Rabinos da Alemanha, uma organização antissionista que incluía representantes de diferentes alas do

---
[164] Laurie Magnus, *Zionism and the Neo-Zionists*, Londres, 1917, p. 6.
[165] Ludwig Geiger, "Zionismus und Deutschtun", L. Schön e N. Philippi (eds.), *Die Stimme Der Wahrheit*, Wurzburg, 1905, p. 168.

judaísmo, publicaram um ataque feroz ao sionismo a partir de um ponto de vista religioso.

Em sua declaração, argumentaram que os esforços para fundar um Estado nacional na Palestina contradiziam as promessas messiânicas do judaísmo, conforme contidas nas Sagradas Escrituras e em fontes religiosas posteriores. Além disso, foi alegado que o judaísmo obrigava seus adeptos a servir "com toda devoção à Pátria à qual eles pertencem e a promover seus interesses nacionais de todo coração e com todas as suas forças". A declaração acrescentava que não havia objeção a que a Palestina fosse colonizada por judeus camponeses e agricultores, desde que eles não tivessem relação com o estabelecimento de um Estado nacional.[166]

O comunicado à imprensa suscitou várias reações. Herzl escreveu um artigo no *Die Welt* em 16 de julho de 1897, no qual chamou esses rabinos de *"Protestrabbiner"* (rabinos do protesto) e o Congresso Sionista, originalmente planejado para Munique, foi transferido para a Basileia.[167]

22.
Os seguidores
dos rabinos do protesto

Os cinco rabinos antissionistas alemães seriam seguidos por numerosos outros. Em 1902, uma coleção de cartas de mais de cinquenta rabinos foi publicada em Varsóvia, em hebraico, pelo rabino Abraham Baruch Steinberg, representando

---

[166] Theodor Herzl, Comunicado à imprensa pelos "rabinos do protesto", em Ludwig Lewisohn (ed.), *A Portrait for this Age*, New York, 1955, pp. 304-5.
[167] Tamara Zieve, "This Week in History: Herzl, Rabbis Clash on Zionism", *The Jerusalem Post*, 15 jul. 2012.

provavelmente a mais importante fonte unificada para o estudo do movimento dos rabinos do protesto.

A afirmação fundamental sobre o sionismo era que ele representava uma negação de Deus e uma violação das leis da religião judaica. Sendo estas produto divino, a falta de respeito à lei era igualmente percebida como uma negação de Deus. Os sionistas "abdicaram à sua crença no Senhor", escreveu o rabino Steinberg na introdução.[168] Os rabinos argumentaram que a Bíblia de fato conclamava todos os crentes a se estabelecerem na Terra Santa, a "Mitzvá Yishuv Eretz Israel" (Mandamento de Colonizar a Terra de Israel), porém seu retorno deveria realizar-se no Dia da Redenção, quando viria o Messias.[169] Em outras palavras, o retorno teria que ser um ato divino e, portanto, não produto da mão humana. Isso fez com que parecesse haver um consenso entre os sionistas e aqueles rabinos; seu objetivo final era o mesmo, os judeus poderiam retornar a Sião e a Casa de Israel seria restabelecida. Suas opiniões divergiam, contudo, no que diz respeito ao modo como isso aconteceria. Para os sionistas isso poderia ser feito por eles próprios, ao passo que para aqueles rabinos, isso era um sacrilégio, uma profanação da vontade do Senhor e dos Livros Sagrados.

Os rabinos antissionistas também alegavam que os sionistas eram, na verdade, "Neviei Sheker", ou seja, falsos profetas que, à semelhança de seus predecessores, estavam explorando a credulidade das massas com sua enganação. "Todas as profecias preditas por Jeremias, o profeta, em

---

[168] Avraham Barukh Steinberg (ed.), *Sefer Daat ha-Rabanim*, Varsóvia, 1902. O livro é dividido em duas partes, sendo que a segunda inicia com uma nova paginação; a primeira parte será indicada por A e a segunda, por B.
[169] Idem, B, p. 37.

relação às pessoas de sua geração que foram atraídas para a armadilha dos falsos profetas, podem ser vistas agora na última geração pela ascensão do vagalhão sionista", escreveu o rabino Steinberg.[170]

O rabino Steinberg também afirmou que os defensores do Estado judeu teriam a mesma sina daqueles que, nos tempos bíblicos, não seguiram o caminho mostrado por Deus. Ele chama a atenção para a história de Manassés, filho de Ezequias, e afirma que sua adoração de ídolos trouxe a punição de Deus sobre ele, seus descendentes e seu povo.[171]

Esses rabinos antissionistas consideravam-se, possivelmente, os salvadores de Israel, os homens sobre os quais recaía o dever de conduzir os pecadores ao caminho certo: "É uma boa ação salvar essas almas [sionistas]... somente quando desaparecerem e terminarem [seus empreendimentos] a felicidade brotará e Israel será abençoado e se multiplicará como estrelas no céu".[172]

23.
Breuer e Agudat Israel

A Agudat Israel foi estabelecida em 1912, principalmente para se opor aos sionistas. Tem sido a principal organização dos ortodoxos antissionistas. Isaac Breuer, 1883-1946, foi uma figura importante na Agudat Israel.[173]

A principal crítica de Breuer contra os sionistas foi seu secularismo. Sua oposição em 1926 a um plano do Va'ad

---
[170] Idem, A, p. 5.
[171] Idem, A, p. 30.
[172] Rabino Nata, em *Sefer Daat ha-Rabanim*, cit., B, p. 51.
[173] Encyclopaedia Judaica, Jerusalém, 1973, v. 4, pp. 1364-5.

Leumi, o Conselho Nacional do Judaísmo Palestino, de formular a estrutura do Lar Judaico era de que ele "ignora Deus e a Torá [Antigo Testamento]. Eles não são mencionados de forma alguma".[174] Não há "uma palavra sequer, nem um sinal da incomparável originalidade da nação judaica durante quatro mil anos".[175]

Ao se referir à separação entre assuntos seculares e religiosos, Breuer escreve que o plano "é tão radical, uma ruptura com todo o passado judaico... A nação judaica terá deixado de ser a nação de Deus a partir do momento em que aceitar a separação".[176]

As únicas referências a práticas religiosas no plano citado, ou seja, a provisão de matadouros, o verdadeiro abate ritual e os pães ázimos, dão a impressão de que só os últimos dizem respeito à esfera de Deus, que a principal consideração é a comida e "que Deus e a Torá não suscitavam nenhum interesse".[177] Os sionistas são culpados de "malícia, injustiça, falta de caridade, intolerância, insensibilidade e abuso de poder".[178]

Com o passar do tempo, a Agudat Israel se aproximou muito do campo sionista. É um partido político cujos representantes têm sido regularmente eleitos para o Parlamento israelense, tendo inclusive feito parte de coalizões governamentais.[179]

---

[174] A oposição de Isaac Breuer ao projeto do Va'ad Leumi, Conselho Nacional do Judaísmo Palestino, é expressa em seu livro *The Jewish National Home*, Frankfort-On-the-Maine, 1926, p. 71.
[175] Idem.
[176] Idem, p. 75.
[177] Idem, p. 79.
[178] Idem, p. 67.
[179] Disponível em: <https://www.knesset.gov.il/faction/eng/FactionPage_eng.asp?PG=22>. Acesso em: 8 jan. 2018.

24.
Neturei Karta

Neturei Karta é uma pequena facção ultraortodoxa que se encontra principalmente em Jerusalém – o nome Neturei Karta, em aramaico, significa "Guardiões da Cidade" – e que se separou da Agudat Israel em 1935. Seus membros vivem separados do restante da sociedade israelense, mas a facção tem sido tolerada como tal pelo Estado.[180]

Sua ideologia, além dos argumentos religiosos antissionistas clássicos, é mais radical. Já afirmou que jamais aceitará o Estado de Israel, mesmo que os árabes o façam,[181] manifestou vontade de se aliar à Organização para a Libertação da Palestina[182] e, em sua resistência à cobrança de impostos estatais, chegou a conclamar o assassinato dos cobradores de impostos, alegando que o ato é sancionado pela lei religiosa.[183]

Seus articulados apoiadores americanos, estabelecidos no Brooklyn, têm se envolvido em diversas atividades. Enviaram cartas ao secretário-geral das Nações Unidas enfatizando "fraude, engodo e usurpação sionistas",[184] e publicaram livros como *Min Hameitsar* ("Das Profundezas do Desespero"), de autoria do rabino Michael Dov Weissmandel,[185] e *The Holocaust Victims Accuse* ("As Vítimas do Holocausto Acusam"), do rabino Moshe Shonfeld,[186] pretendendo mostrar que os sionistas têm muito do que ser acusados no que se refere ao Holocausto da Segunda Guerra Mundial.

---

[180] *Encyclopaedia Judaica*, op. cit., v.12, pp. 1002-3.
[181] *Yediot Aharonot*, 21 fev. 1975.
[182] Idem.
[183] *The Jerusalem Post International Edition*, 2-8 nov. 1980.
[184] *United Nations General Assembly*, 30th Session, 1975, Agenda item 68, A/10341, Annex.
[185] Michael Dov Weissmandel, *Min Hameitsar*, Brooklyn, 1960.
[186] Reb Moshe Shonfeld, *The Holocaust Victims Accuse*, Brooklyn, 1977.

Membros do Neturei Karta da filial londrina de Stamford Hill disseram em público que "a maior parte dos judeus na Europa antes da guerra era religiosa. O sionista achou que valia a pena ter a maioria dessas pessoas assassinadas nas câmaras de gás, a fim de impedi-las de fundar o Estado de Israel".[187]

ANTISSIONISMO ÁRABE E MUÇULMANO

A ideologia antissionista árabe e muçulmana é a explicação e a justificativa para esse tipo de antissionismo.

O antissionismo árabe e muçulmano não é homogêneo. Sua principal força motriz está baseada no Oriente Médio e inclui os chamados rejeicionistas de qualquer acordo com Israel. Esse grupo inclui o Irã, a Irmandade Muçulmana, o Hezbollah, o Hamas e o Estado Islâmico (ISIS). Contudo, o antissionismo também é encontrado entre árabes e muçulmanos da região que não são rejeicionistas. Outra força motriz consiste em árabes e muçulmanos que vivem no Ocidente.

Essa ideologia é muito complexa e inclui um número quase infinito de argumentos que explicam e justificam a atitude. Ela é analisada nos seguintes capítulos: "Objetivos", "Libelos", "O Islã", "Colonialismo/Imperialismo", "Apartheid e Boicote, Desinvestimento e Sanções (BDS)".

Uma pesquisa substancial foi realizada acerca da ideologia palestina e árabe no conflito. Os interessados encontrarão informações e análises mais completas – muito além da pequena seleção representativa dada neste manual – no *Palestinian Media Watch* e no *Middle East Media Research Institute*.[188]

---

[187] *Jewish Chronicle*, 17 abr. 1981.
[188] Disponível em: <https://www.palwatch.org/>; <https://www.memri.org/>.

25.
Objetivos

O antissionismo árabe e muçulmano é uma ideologia que se opõe ao sionismo e ao Estado de Israel. O antissionismo politicida visa terminar com a existência do Estado de Israel. O antissionismo anti-Israel visa deslegitimar, desumanizar e demonizar Israel.

As declarações do antissionismo politicida e do derivado, o antissionismo anti-Israel, são uma característica permanente e generalizada da sociedade palestina e das sociedades árabes e muçulmanas mais amplas, conforme expresso por meio de porta-vozes oficiais, da mídia, da cultura, do currículo educacional e de várias organizações civis.

Às vezes, o objetivo é formulado em linguagem explícita, mas com frequência apresentado de forma mais indireta e ambígua, como uma camuflagem, porque desperta algum desconforto nos públicos-alvo. A seguir, uma amostra representativa de afirmações explícitas.

> A unidade árabe significa a liquidação de Israel e dos sonhos expansionistas do sionismo.[189]

> Entrevistador: Como você vê o futuro do processo de paz?

> Al-Hourani: Se eles [os israelenses] retomam ou não as negociações, se cumprem ou não os acordos – o plano político é um acordo temporário, e o conflito permanece eterno –, isso não terá fim e os acordos que estão sendo discutidos situam-se no contexto do atual equilíbrio de poder. Quanto à luta, ela continuará. Pode haver uma pausa às vezes, mas em

---
[189] Gamal Abdel Nasser Hussein, presidente do Egito, no Festival of Unity, 22 fev. 1965, apud Yehoshafat Harkabi, *Arab Attitudes to Israel*, Jerusalém, 1974, p. 2.

última análise, a Palestina é nossa, do mar [Mediterrâneo] ao rio [Jordão].[190]

A revolução continua até hoje, e isso é o que os membros do povo palestino estão traduzindo [para ação] por sua resistência ao inimigo sionista mediante o uso de facas. Vamos perseguir vocês [sionistas] com ataques de veículos e matar vocês com pedras, se Alá quiser, e iremos derrotá-los e, por meio da inteligência, da cultura e da arte, atribuiremos a vocês a responsabilidade. Somos um povo que merece viver e vocês são um povo cujo destino é desaparecer.[191]

O imã Khomeini continuou a advertir contra o regime sionista e seus adeptos até o último dia de sua vida e, mais tarde, o mais alto escalão da República Islâmica continuou com esses avisos e com a política de combate ao perigo apresentado por Israel e seus apoiadores... É, portanto, necessário prosseguir com a política de luta até que Israel seja erradicado da região. Quando o imã Khomeini declarou com firmeza que Israel deveria ser varrido do mapa mundial, há quem tenha tido dificuldade em aceitar essa política. Hoje, entretanto, todos entendem que não há alternativa para esse regime de ocupação exceto esse destino.[192]

---

[190] Al-Hourani, chefe do Comitê Político do Conselho Palestino Nacional, em comunicado oficial diário da Autoridade Palestina, *Al-Hayat Al-Jadida*, abr. 14, 2001. Disponível em: <http://www.palwatch.org/main.aspx?fi=449&all=1>. Acesso em: 12 maio 2017.

[191] Tawfiq Abdallah, chefe do Departamento de Informações do Fath em Tiro, no Líbano, 15 jan. 2017, Falestinona, no *website* da Comissão de Informação e Cultura do Fatah no Líbano, 2 mar. 2017. Disponível em: <http://www.palwatch.org/main.aspx?fi=449>. Acesso em: 12 maio 2017.

[192] *Jomhouri-ye Eslami*, filiado a Ali Akbar Hashemi Rafsanjani, chefe do Conselho de Discernimento do Interesse Superior do Regime e patrono do presidente Hassan Rouhani, 20 jul. 2014. Disponível em: <https://www.memri.org/reports/iranian-reactions-war-gaza-israels-destruction-imminent-israel-attacks-due-arab-worlds#_edn3>. Acesso em: 12 maio 2017.

26.
Libelos

Há um rico catálogo de libelos grosseiros apresentados por árabes/muçulmanos contra o sionismo e o Estado de Israel. Entre eles, os que retratam Israel como um câncer; como um flagelo que espalha a aids; a imputação de que os israelenses roubam órgãos dos palestinos; o libelo de sangue, ou seja, a acusação de que Israel utiliza o sangue de não judeus para finalidades rituais; o uso do tema conspiratório dos *Protocolos dos sábios de Sião*; a equiparação com crimes nazistas; e a negação do Holocausto.

A única forma de salvar a região é remover do corpo esse câncer que é Israel, que é a razão de todos os tipos de atraso e destruição.[193]

O Egito está sempre inundado com frutas e produtos alimentícios israelenses, 60-70% dos quais encharcados de produtos químicos. Isso é muito claro. Há duzentos mil casos de insuficiência renal no Alto Egito. Duzentas mil pessoas recebem tratamento de diálise. E isso por causa do medicamento cancerígeno agrícola israelense, que foi importado nos últimos 7-8 anos pelos gananciosos "Cavaleiros da Normalização", cuja única lealdade é para com seu bolso. Isso causou duzentos mil casos [de insuficiência renal], e essas são as estatísticas do ano passado. Este ano, o número é definitivamente maior. Para não mencionar as meninas com aids que mandam para lá, ou o avião [da EgyptAir] vindo dos EUA, que eles derrubaram, enviando noventa generais egípcios para os tubarões. Este Israel, este sionis-

---

[193] Abbas Zaki, membro do Comitê Central do Fatah, programa televisivo *Al-Mayadeen*, 22 nov. 2015. Disponível em: <http://palwatch.org/main.aspx?fi=760>. Acesso em: 14 abr. 2017.

mo, mata mais em tempos de paz do que em tempo de guerra.[194]

Os rabinos em Israel proíbem os judeus em Israel e no mundo de doar seus órgãos quando morrem, e com base nos princípios de sua fé [que figuram] no Talmude, eles acreditam que a remoção de órgãos dos corpos de judeus é uma violação das leis religiosas. É por isso que os hospitais [israelenses], e especialmente os comandantes do exército israelense, procuram obter órgãos de outra forma, de não judeus... Alguns rabinos considerados relativamente moderados têm permitido o transplante de órgãos retirados de um não judeu no corpo de um judeu... Com o advento de tecnologias médicas, procedimentos cirúrgicos e medicamentos avançados, o tráfico de órgãos se tornou um [fenômeno] prevalente no mundo, e isso porque Israel pode traficar órgãos às custas dos palestinos e graças à presença do exército de ocupação [entre os palestinos].[195]

Durante um período tempestuoso... Damasco ficou horrorizada por um crime terrível – o padre Tomas Al-Kaboushi foi vítima de um grupo de judeus que tentou drenar seu sangue para preparar alimentos assados para o feriado do Yom Kipur [sic]... O incidente de 1840 ocorreu várias vezes no século XX, quando os sionistas cometeram crimes em massa na Palestina e no Líbano – atos que chocaram a consciência de pessoas boas em todo o mundo e foram condenados pela opinião pública mundial. Porém, a cada vez, o setor financeiro, a mídia e a influência política conseguiram pacificar a raiva e distrair as pessoas desses crimes.

---

[194] Ismail Sukariyya, membro do Parlamento do Líbano pelo Hezbollah na TV síria, 19 dez. 2010. Disponível em: <https://www.memri.org/reports/hizbullah-mp-ismail-sukariyya-syrian-tv-accuses-israel-sending-egypt-agricultural >. Acesso em: 14 abr. 2017.

[195] Tahsin Al-Halabi, *Al-Watan* (Síria), 25 ago. 2009. Disponível em: <https://www.memri.org/reports/arab-reactions-aftonbladet-report-accusing-israel-trafficking-palestinians-organs>. Acesso em: 14 abr. 2017.

Em vez de serem punidos, os sionistas receberam uma recompensa...: grande ajuda financeira e horríveis estoques de armamento sofisticado.[196]

O Hamas conclama os povos árabes e islâmicos a agirem com seriedade e incansavelmente, a fim de frustrar aquela terrível maquinação... Hoje é a Palestina e amanhã pode ser outro país ou outros países. Pois as intrigas sionistas não têm fim, e depois da Palestina irão cobiçar a expansão do Nilo ao Eufrates... A maquinação deles foi traçada em *Os Protocolos dos sábios de Sião*, e sua conduta presente é a melhor prova do que ali se menciona.[197]

Muhammad Al-Soudi, membro do departamento político da Frente de Libertação da Palestina (ou seja, uma facção da OLP), enfatizou que os crimes incessantes da ocupação exigem ação em nível internacional, a fim de levar a julgamento a ocupação e seus líderes, por cometerem crimes mais graves do que os crimes do fascismo e do nazismo.[198]

Ao que parece, entretanto, o interesse do movimento sionista é inflar esse número (seis milhões de judeus assassinados no Holocausto), para que seus ganhos sejam maiores... foi estabelecida uma parceria entre os nazistas de Hitler e a liderança do movimento sionista... [os sionistas deram] permissão para que cada racista do mundo, liderado por Hitler e pelos nazistas, tratasse os judeus como desejasse, desde que isso garantisse a imigração para a Palestina. Os líderes sionistas realmente "queriam" que os judeus fossem assassinados, porque "um maior número de vítimas significava maiores direitos e privilégios mais fortes para se juntar

---

[196] Marechal de Campo Mustafa Tlass, ex-ministro de Defesa sírio. Disponível em: <https://www.memri.org/reports/damascus-blood-libel-1840-told-syrian-defense-minister-mustafa-tlass>. Acesso em: 14 abr. 2017.
[197] Estatuto do Hamas de 1988, artigo 32. Disponível em: <http://palwatch.org/main.aspx?fi=783>. Acesso em: 14 abr. 2017.
[198] Muhammad Al-Soudi, *Al-Hayat Al-Jadida*, 11 jan. 2017. Disponível em: <http://palwatch.org/main.aspx?fi=808>. Acesso em: 14 abr. 2017.

à mesa de negociação e dividir os despojos da guerra assim que ela terminasse".[199]

De acordo com o reverendo americano Louis Farrakhan, líder da Nação do Islã,

> Agora sabemos que o crime que dizem estar na raiz do terrorismo não foi cometido por árabes ou muçulmanos... Agora está ficando claro que havia muitos israelenses e judeus sionistas em papéis-chave nos ataques de 11 de setembro... Estamos lidando com ladrões, mentirosos e assassinos... Sabemos que muitos israelenses foram presos imediatamente após os ataques, mas soltos com rapidez e enviados para Israel... Sabemos que uma equipe de filmagem israelense, com trajes árabes, estava filmando as Torres Gêmeas antes que o primeiro avião entrasse. Em outras palavras, esses israelenses tinham pleno conhecimento dos ataques... Sabemos que muitos judeus receberam uma mensagem de texto para que não fossem trabalhar no dia 11 de setembro. Quem enviou aquela mensagem que os impediu de estar no local?... E sabemos que Benjamin Netanyahu disse a determinadas pessoas em Israel: "estamos nos beneficiando de uma coisa e esse é o ataque às Torres Gêmeas e ao Pentágono e a luta americana no Iraque". Ele acrescentou que essas catástrofes e as guerras iriam balançar a opinião pública americana a favor de Israel.[200]

---

[199] Mahmoud Abbas, presidente da Autoridade Palestina, em um livro publicado em árabe em 1983 e intitulado *The Other Side: The Secret Relations Between Nazism and the Leadership of the Zionist Movement*, originalmente sua tese de doutorado completada no Moscow Oriental College, na União Soviética, de acordo com uma tradução do texto fornecida pelo Simon Wiesenthal Center, em *A Holocaust-Denier as Prime Minister of "Palestine"*, de autoria do dr. Rafael Medoff. Disponível em: <http://www.wymaninstitute.org/articles/2003-03-denier.php>. Acesso em: 1 nov. 2016.

[200] Jessica Chasmar, "The Reverend Louis Farrakhan, the Nation of Islam leader, Louis Farrakhan: 'Israelis and Zionist Jews' played key roles in 9/11 attacks", *The Washington Times*, 5 mar. 2015. Disponível em: <http://www.washingtontimes.com/news/2015/mar/5/louis-farrakhan-israelis-and-zionist-jews-played-k/>. Acesso em: 19 dez. 2016.

27.
O Islã

O Islã desempenha um papel importante no antissionismo árabe e muçulmano. Trata-se de uma religião expansionista que divide o mundo em dois: *Dar al-Islam*, "A Morada do Islã", e *Dar al-Harb*, "A Morada da Guerra". Esta última se refere às partes do mundo que não aceitam a autoridade exclusiva do Islã e contra as quais os muçulmanos devem travar uma *Jihad*, uma "Guerra Santa", um dever coletivo dos fiéis muçulmanos, até que o mundo inteiro se torne *Dar al-Islam*.[201]

Com relação às comunidades não islâmicas, como os judeus que vivem nos países islâmicos, o Islã as tolerava, com a condição de que se submetessem às autoridades islâmicas.[202] Seu *status* era conhecido como *"dhimmis"*, as denominadas comunidades protegidas que foram autorizadas a manter suas propriedades e a praticar sua religião, mas tiveram que se submeter a uma situação de discriminação.[203]

O Alcorão contém numerosas passagens antissemitas, fato esse que exerceu grande influência sobre a imagem dos judeus aos olhos da população muçulmana/árabe.[204]

Atitudes árabes/muçulmanas em relação ao sionismo/Israel estão vinculadas aos temas islâmicos que desempenham um papel na articulação, justificação e fortalecimento dessa atitude. Entre alguns dos principais temas estão aquele

---

[201] Yehoshafat Harkabi, op. cit., p. 132.
[202] Idem.
[203] Efraim Karsh, "Islamic Imperialism", *A History*, New Haven, 2006, pp. 25-6. Ver também Bat Ye'or, *The Dhimmi: Jews and Christians under Islam*, Rutherford, 1985.
[204] Yehoshafat Harkabi, op. cit., pp. 220-3. Para trechos no Alcorão que mencionam os judeus, ver: <http://www.jewishvirtuallibrary.org/references-to-jews-in-the-koran>. Acesso em: 25 abr. 2017.

que diz que o Estado judeu representa uma provocação aos éditos, ao governo e ao destino do Islã, ao apego islâmico à Palestina e aquele que apregoa que o antissionismo é legítimo, dada a natureza demoníaca e as ambições dos judeus, conforme descritos pelo Islã.[205]

> O problema da Palestina é religioso e de ódio, e qualquer tentativa de lidar com isso que não seja baseada em uma *Jihad* religiosa está fadada ao fracasso. Não há alternativa... Os líderes dos partidos árabes seculares ignoram o fato de que em todas as batalhas históricas decisivas do arabismo e do islamismo... o grito de guerra era religioso e sagrado: *Allahu Akbar* (Alá é Grande).[206]

Deixe-me ser claro. A *Jihad* é a única forma de resolver esse problema. Com os judeus, não se pode alcançar nada por meios pacíficos, ou por acordos, ou fronteiras abertas, ou laços diplomáticos e comerciais. Eles são demônios em forma humana. Muitas pessoas pensam que o judaísmo é uma religião, mas os judeus de hoje não são realmente judeus e não têm nada a ver com Moisés e a Torá. Eles são uma gangue de ladrões maldosos que roubaram esta terra. Por natureza, um ladrão que sabe que não tem direito à terra impõe sua presença pela força, por derramamento de sangue, por massacres excessivos, por mortes excessivas e por destruição, a fim de provar que ele tem direitos nesta região.[207]

Ó, você que foi criado sobre sangue derramado
Ó, você que assassinou os profetas piedosos de Alá
Você foi condenado à humilhação e ao sofrimento

---

[205] Disponível em: <https://www.palwatch.org/>; <https://www.memri.org/>.
[206] Abdallah al-Tall, *The Danger of World Jewry to Islam and Christianity*, Cairo, 1964, pp. 8-10, apud Yehoshafat Harkabi, op. cit., p. 136.
[207] O clérigo egípcio Zaghloul Al-Naggar, Al-Rahma TV, 6 jan. 2009. Disponível em: <https://www.memri.org/reports/egyptian-cleric-zaghloul-al-naggar-arabworld-ruled-scum-earth-garbage-all-nations-i-am>. Videoclipe disponível em: <http://www.memri.org/legacy/clip/2033>. Acesso em: 14 abr. 2017.

Ó filhos de Sião, ó mais maligna das criaturas
Ó macacos bárbaros, ó porcos miseráveis.[208]

O capítulo de Meca [Alcorão] intitulado "Judeus" ou "Filhos de Israel" é notável... Trata dos judeus de hoje, os de nosso século, e fala apenas de extermínio e escavação de sepulturas... Este capítulo condena os judeus ao extermínio antes que um único judeu viesse a existir na terra... a bênção da Palestina está ligada à destruição do centro da corrupção global (judeus de Israel), a cabeça da serpente. Quando a cabeça da serpente da corrupção [global] for eliminada aqui na Palestina, e quando os tentáculos do polvo [do judeu] forem cortados ao redor do mundo, a verdadeira bênção virá com a destruição dos judeus aqui na Palestina, e essa é uma das esplêndidas bênçãos reais na Palestina.[209]

28.
"Colonialismo / Imperialismo"

Uma das acusações mais recorrentes feitas de acordo com a ideologia antissionista árabe e muçulmana (mas também de outras ideologias antissionistas) é que o sionismo/Israel é uma implantação colonialista e imperialista.

Ideólogos da esquerda têm alegado que, a fim de encontrar mercados para seus excedentes, as nações capitalistas estabeleceram colônias em territórios estrangeiros, subordinando seus habitantes nativos e explorando seus recursos. O

---
[208] TV oficial da Autoridade Palestina, 12 set. 2014. Disponível em: <https://www.palwatch.org/main.aspx-?fi=1061&page=6>. Acesso em: 25 abr. 2017. Ver também vídeo em: idem.
[209] Clérigo do Hamas na TV Al-Aqsa (Hamas), 13 jul. 2008. Disponível em: < https://www.palwatch.org/main.aspx?fi=1061&page=11>. Acesso em: 25 abr. 2017. Ver também vídeo em: idem.

sionismo e Israel são vistos como a implantação colonialista das potências imperialistas.²¹⁰

Na literatura antissionista, Israel é descrito como a base de avanço do imperialismo, o ponto de partida para a conquista da região. As evidências, segundo essa teoria, são a Declaração Balfour de 1917 pela Grã-Bretanha, o Mandato Britânico sobre a Palestina de 1922-1948, a Guerra do Sinai de 1956 e o apoio político, militar e econômico dado a Israel pelos EUA e outros países ocidentais ao longo dos anos. A expansão territorial de Israel após várias guerras e os crescentes assentamentos na Margem Ocidental após a Guerra de 1967 são vistos como mais uma prova de seu caráter expansionista e das ambições das potências imperialistas. "Mesmo Israel foi apenas um dos resultados do imperialismo. Se não tivesse caído sob o Mandato Britânico, o sionismo não teria encontrado o suporte necessário para concretizar a ideia de uma casa nacional na Palestina."²¹¹

> A relação entre Israel e os EUA é como a relação entre o mosquito e o parasita da malária. O interesse do mosquito é sugar sangue, enquanto o do parasita é corromper... O parasita da malária se instala no estômago do mosquito e eventualmente o mata... O parasita da malária o ilude a pensar que seu interesse é invadir o Sudão e realizar invasões recorrentes, pois essa é a era do imperialismo... Quando vier o [próximo] 9 de setembro [ou seja, 11 de setembro], revisaremos novamente o material que distribuímos sobre a impressão digital judaica. Digamos sucintamente que se os eventos de 9/9 [sic] e a destruição dos dois famosos edifícios nos EUA fossem levados a cabo por inimigos de Israel, como os EUA afirmam, ou

---

[210] Ver a seção sobre o antissionismo de esquerda, pp. 25-47.
[211] Abdel Gamal Nasser, presidente do Egito, *Philosophy of the Revolution*, Cairo, s.d., p. 69, apud Yehoshafat Harkabi, op. cit., p. 154.

80

por agentes israelenses, como nós afirmamos, o resultado é o mesmo: os judeus são a causa. Esses judeus apressam a morte da América. Os EUA devem ficar atentos... Eles devem entender isso agora e desmantelar essa aliança com os judeus.[212] Ontem, o Departamento de Ciência Política da Universidade de Bir Zeit... realizou um simpósio... O professor Samih Hamouda, do Departamento de Ciência Política da Universidade de Bir Zeit, apresentou uma análise dos artigos de pesquisa escritos pelo presidente Mahmoud Abbas sobre o tema da ideologia sionista. O professor Hamouda disse que, em seus escritos e pesquisas, o presidente associou o sionismo ao imperialismo, examinando as razões do crescimento do sionismo por meio de uma análise da sociedade europeia e do problema dos judeus na Europa, ligando isso às aspirações do Ocidente com relação ao Oriente árabe. Ele acrescentou: "Na pesquisa do presidente, o movimento sionista não é judeu, nem flui dos desejos dos próprios judeus. É antes um movimento imperialista colonialista que buscou usar os judeus e alistá-los para promover os planos colonialistas ocidentais".[213]

29.
Apartheid e Boicote, Desinvestimento e Sanções (BDS)

Antissionistas árabes e muçulmanos costumam chamar o controle exercido pelo Estado de Israel nos territórios que ocupou

---

[212] Xeique Abd Al-Jalil Al-Khouri, imã da mesquita Shahid em Cartum, bem como um dos pregadores mais influentes no Sudão. Disponível em: <https://www.memri.org/reports/official-friday-sermons-sudan-our-son-obama-husseintaking-same-path-his-predecessor-has>, 27 ago. 2004. Acesso em: 26 abr. 2017. Ver também o vídeo em: <http://www.memri.org/legacy/clip/224>.

[213] Comunicado oficial diário da Autoridade Palestina, *Al-Hayat Al-Jadida*, 27 jul. 2011. Disponível em: <http://palwatch.org/main.aspx?fi=1031&all=1>. Acesso em: 26 abr. 2017.

em 1967 de "um regime de apartheid", comparando-o com a política governamental de discriminação praticada na África do Sul.[214] Isso levou a uma campanha internacional de Boicote, Desinvestimento e Sanções (BDS).[215]

Este relatório [dos dezoito países árabes membros da Comissão Econômica e Social para a Ásia Ocidental da ONU] conclui que Israel estabeleceu um regime de apartheid que domina o povo palestino como um todo. Ciente da seriedade dessa alegação, os autores do relatório depreendem que evidências disponíveis estabelecem, além de qualquer dúvida razoável, que Israel é culpado por políticas e práticas que constituem o crime de apartheid, conforme definido legalmente em instrumentos de direito internacional".[216]

[Dr. Fouad Moughrabi] discutiu discriminação e segregação racial conforme praticadas na Palestina e sob o Apartheid sul-africano. Ele observou que a segregação na Palestina, que visa eliminar e excluir a nação palestina, é pior do que a que era praticada na África do Sul, pois o objetivo ali [na África do Sul] não era se livrar dos habitantes originais da terra... o objetivo dos acordos assinados por palestinos e israelenses é perpetuar as políticas expansionistas e judaizantes [de Israel] na região.[217]

---

[214] Ver o capítulo "Omissões de fatos e deturpações" na p. 111.
[215] Ver o capítulo "Boicote, Desinvestimento e Sanções (BDS)" nas pp. 109-10.
[216] Comissão Econômica e Social para a Ásia Ocidental (CESPAO) da ONU, *Israeli Practices towards the Palestinian People and the Question of Apartheid Palestine and the Israeli Occupation*, Issue n. 1, Beirute, 2017, Executive Summary, p. 1. Disponível em: <https://electronicintifada.net/sites/default/files/2017-03/un_apartheid_report_15_march_english_final_.pdf>. Acesso em: 26 abr. 2017. A ESCWA tem como membros dezoito países árabes. Ver: <https://www.unescwa.org/about-escwa/overview/member-states>. O secretário-geral da ONU solicitou que o relatório fosse removido. Disponível em: <http://www.reuters.com/article/us-un-israel-report-resignation-idUSKBN16O24X>.
[217] Dr. Fouad Moughrabi, antigo diretor do Department of International Relations and Political Psychology na American University of Tennessee, no The Ibrahim Abu Lughod Institute of International Studies na Birzeit University, *Al-Hayat Al-Jadida*, 1 nov. 2013. Disponível em: <https://www.palwatch.org/main.aspx?fi=606&doc_id=10355>. Acesso em: 26 abr. 2017.

Esta conferência nacional do BDS [The Fourth National BDS Conference, 8 de junho de 2013, em Belém] propiciou uma plataforma eminente para troca de ideias entre jovens e estudantes ativistas palestinos, sindicalistas, mulheres ativistas, tomadores de decisão, intelectuais, acadêmicos, representantes do setor privado e as principais redes de ONGs. A conferência teve como objetivo promover e capacitar a sociedade palestina a desenvolver com eficácia campanhas BDS setoriais por intermédio de estratégias e equipes de liderança. Reconhecendo que Israel busca cada vez mais encobrir, sob aparência inofensiva, a intensificação da sua ocupação, colonização e apartheid contra palestinos e outros árabes, um dos principais temas abordados foi a normalização econômica dos setores acadêmico, cultural, juvenil e de TI com Israel e as formas de enfrentá-lo.[218]

Nós, organizações de direitos cívicos e humanos do Egito, Jordânia, Líbano e Palestina, em mobilização no Dia dos Prisioneiros Palestinos deste ano, conclamamos o boicote da empresa G4S no mundo árabe em decorrência do seu envolvimento na ocupação e opressão israelenses. A G4S é uma empresa multinacional que fornece serviços de segurança privada. Entre os quais, a G4S, por meio de sua subsidiária israelense Hashmirá, fornece equipamentos para os postos de controle da ocupação israelense e para os assentamentos na Margem Ocidental.[219]

---

[218] Disponível em: <https://bdsmovement.net/files/2013/06/Fourth-National-BDS-Conference-Reprt-ENG-18Jun-2013.pdf>. Acesso em: 27 abr. 2017.
[219] Declaração de 16 abr. 2013. Disponível em: <https://bdsmovement.net/news/organizations-egypt-jordan-lebanon-and-palestine-call-g4s-boycott>. Acesso em: 27 abr. 2017.

30.
Coalizões de ideologias antissionistas

Uma ideologia que busca transformar o mundo e substituí-lo por uma nova ordem está em uma luta existencial com outras ideologias que procuram, da mesma forma, concretizar sua nova ordem alternativa. No entanto, quando se trata de sionismo e Israel, ideologias concorrentes baixaram suas armas e se uniram.

Nas palavras do professor Robert Wistrich:

> O antissionismo dos anos de 1960 e 1970 levou a um consenso monolítico no qual se tornou difícil, se não impossível, distinguir esquerda de direita... diferenças ideológicas tradicionais perderam seu significado. O antissionismo transformou-se no grande bazar em que comunistas soviéticos e chineses, marxistas árabes e do Terceiro Mundo, trotskistas, anarquistas e castristas, juntamente com xeiques feudais, governantes islâmicos conservadores, empresas petrolíferas e interesses capitalistas no Ocidente (para não falar de grupos fascistas marginais) podem encontrar terreno comum no que diz respeito ao seu ódio ao Estado judeu.[220]

Ideologias antissionistas fizeram um conluio de três maneiras diferentes para promover uma Internacional Antissionista:

Meios: muitos antissionistas encontraram um denominador comum como um meio de atingir seu objetivo, o BDS (Boicote, Desinvestimento e Sanções),[221] transcendendo, portanto, uma vez mais, suas ideologias conflitantes.

---

[220] Robert S. Wistrich, "Introdução", em Robert S. Wistrich (ed.), *The Left Against Zion*, London, 1979, pp. VIII-LX.
[221] Ver pp. 109-10.

Tomando emprestados elementos ideológicos uns dos outros: muitos antissionistas têm, com frequência, se baseado em tópicos ideológicos extrínsecos e até mesmo antitéticos à ideologia particular a que subscrevem. Teorias de conspiração da direita encontram um terreno fértil entre muçulmanos, árabes, cristãos e antissionistas de esquerda. Antissionistas muçulmanos, árabes, cristãos e de direita atacam Israel/sionismo como sendo "capitalista", "colonialista" e "imperialista", o que é uma acusação de origem claramente esquerdista.[222]

Operação conjunta: finalmente, há ampla evidência de que representantes das várias ideologias em conflito se encontram em vários fóruns para coordenar suas atividades antissionistas.[223]

---

[222] Henri Stellman, "Christian Anti-Zionism", *The Wiener Library Bulletin*, 1981, v. XXXIV, new series n. 53/54, pp. 34-5; Dave Rich, *The Left's Jewish Problem: Jeremy Corbyn, Israel and Anti-Semitism*, London, 2016. Em 2012, Jeremy Corbyn, o líder do Partido Trabalhista britânico, defendeu um mural em Londres que retratava banqueiros judeus contando dinheiro em torno de uma placa equilibrada em homens de pele escura, um típico tema recorrente antissemita de direita, *Haaretz*, 25 mar. 2018.

[223] Por exemplo, em julho de 1976, um Simpósio Internacional sobre Sionismo e Racismo foi realizado em Trípoli, na Líbia, e contou com a presença de quinhentos participantes de oitenta países, incluindo clérigos, socialistas e judeus. Ver *Sionism and Racism*, International Organization for the Elimination of All Forms of Racial Discrimination, Trípoli, s.d. Outra conferência similar ocorreu em Bagdá em 1976, A.W. Kayyli (ed.), *Zionism, Imperialism and Racism*, London, 1979. Outra ainda teve lugar em Teerã, em 2014. Disponível em: <https://cst.org.uk/news/blog/2014/10/02/rev-stephen-sizer-speaking-at-antisemitic-conference-in-iran>. Acesso em: 1 nov. 2016.

PARTE 3

O ANTISSIONISMO É ANTISSEMITA? OUTRAS DIMENSÕES

31.
Antissionismo violento

O antissionismo parece provocar manifestações de antissemitismo no intuito de encorajar antissemitas não assumidos a virem à tona e permitir àqueles que já são abertamente antissemitas intensificar sua hostilidade antijudaica. Há provas significativas de atos de violência cometidos ao longo dos anos contra os judeus por causa do ódio ao sionismo e a Israel e à posição percebida dos judeus na Diáspora, uma posição de apoio ao sionismo/Israel.[224]

Uma das piores atrocidades aconteceu em julho de 1994, quando uma bomba teve como alvo o edifício da comunidade judaica em Buenos Aires, no coração de um bairro judeu, um ataque em que 86 pessoas perderam a vida e muitas mais foram feridas. A trilha dos terroristas levava claramente ao Irã, um feroz propagandista da ideologia antissionista.[225]

Em 19 de março de 2012, três crianças e um rabino foram assassinados em uma escola judaica em Toulouse por Mohammad Merah, um jihadista islâmico, que alegou que queria vingar as mortes de crianças palestinas.[226]

Ehdi Nemmouche, que passara mais de um ano na Síria e tinha ligações com islâmicos radicais, atacou o Museu Judaico em Bruxelas, matando três pessoas, em 24 de maio de 2014.[227]

---

[224] O foco aqui está em atos violentos. Agências de monitoramento antissemitas têm um dossiê mais amplo e incluem outros incidentes. Por exemplo, a Community Security Trust na Grã-Bretanha inclui danos e profanação de propriedade judaica e ameaças, entre outros. Disponível em: <https://cst.org.uk/data/file/b/e/Incidents%20Report%202016.1486376547.pdf>. Acesso em: 28 abr. 2017.

[225] Phyllis Chesler, *The New Anti-Semitism*, San Francisco, 2003, pp. 58-9.

[226] Disponível em: <https://www.thejc.com/news/world/funerals-of-toulouse-victims-as-suspect-surrounded-by-police-1.32401?highlight=Mohammad~Merah>. Acesso em: 28 abr. 2017.

[227] Disponível em: <http://www.bbc.co.uk/news/world-europe-27654505>. Acesso em: 28 abr. 2017.

Quatro judeus foram assassinados em um supermercado *kosher* de Paris por um jihadista em 9 de janeiro de 2015. As vítimas foram assassinadas depois de terem sido feitas reféns pelo terrorista Amedy Coulibaly no supermercado Hyper Cacher no leste da cidade.[228]

32.
O aspecto antissemita dos boicotes

O boicote a Israel pode ser definido como uma recusa em comprar, fazer negócios ou colaborar com empresas ou organizações associadas ao Estado de Israel, como forma de protesto à existência do Estado ou às suas políticas ou como meio de coagir Israel a alterar as suas políticas.

Na Palestina, durante as décadas anteriores ao estabelecimento do Estado judeu em 1948, houve iniciativas regulares por parte da população árabe de boicotar pessoas, bens e negócios da comunidade judaica, como uma forma de protesto contra a nascente construção da nação sionista. Em seu livro *Terre Promise, Trop Promise: Genèse du Conflit Israélo-Palestinien (1882-1948)*, Nathan Weinstock dá inúmeros exemplos de boicotes contra a população judaica local. Não se tratava apenas de iniciativas da gente comum, mas também de atos iniciados pelos principais órgãos da população árabe. O Comitê Superior Árabe, criado em 1936 e que representava todos os vários nacionalistas árabes da Palestina, promoveu ativamente um boicote do setor

---

[228] Disponível em: <https://www.thejc.com/news/israel/victims-of-paris-supermarket-attack-buried-in-jerusalem-1.64645>. Acesso em: 28 abr. 2017.

econômico judaico. Um dos primeiros atos do Conselho da Liga Árabe, quando de sua criação, foi adotar uma resolução em 2 de dezembro de 1945 que estabeleceu um boicote de produtos originários do setor judaico. Isso foi feito com vista a isolar economicamente a comunidade judaica, quando os países árabes passaram a rejeitar produtos desenvolvidos por judeus na Palestina.[229]

Após o estabelecimento do Estado de Israel, as nações árabes desenvolveram uma campanha, por meio de seu Gabinete de Boicote, para bloquear o comércio mundial com Israel. Os alvos não eram apenas empresas israelenses e outras empresas que negociavam com Israel. De acordo com Terence Prittie e Walter Nelson, autores de *The Economic War Against the Jews* (A guerra econômica contra os judeus), isso significa "discriminação contra firmas de propriedade de judeus e [...] pressão de boicote contra o emprego de judeus em firmas não judias. O exemplo mais flagrante na década de 1960 foi o caso da Norwich Union, que envolveu a renúncia do judeu lorde Mancroft do Conselho de Administração de uma seguradora britânica por causa de pressão árabe direta". Bancos judeus como Warburg, Lazard e Rothschild também foram colocados na lista negra.[230]

Em 1975, a Assembleia Geral das Nações Unidas aprovou uma resolução que equiparava o sionismo ao racismo. Alguns ativistas pró-palestinos em universidades britânicas vincularam a resolução da ONU à política de "não dar plataforma" para o racismo, que foi aprovada um ano depois pela British

---

[229] Nathan Weinstock, *Terre Promise, trop Promise: Genèse du Conflit Israélo-Palestinien (1882-1948)*, Paris, 2011, pp. 251, 318 -9.
[230] Terence Prittie e Walter Nelson, *The Economic War Against the Jews*, London, 1979, pp. 69, 114.

National Union of Students. A Assembleia, portanto, chegou à conclusão de que o sionismo deveria ser banido das uniões dos estudantes. Como a maioria dos estudantes judeus era sionista e as únicas organizações no *campus* que promoviam o sionismo eram as sociedades judaicas, isso levou a seu banimento em várias universidades.[231]

Após a operação militar de 2014 por Israel em Gaza, uma filial da rede de supermercados Sainsbury em Londres removeu todos os produtos *kosher* de suas prateleiras, depois de protestos anti-Israel.[232]

Ainda, depois dessa operação militar de Israel, o Tricycle Theatre em Londres decidiu parar de sediar o Festival de Cinema Judaico do Reino Unido, porque recebia um pequeno patrocínio da Embaixada de Israel.[233]

Em agosto de 2015, o conhecido cantor judeu americano Matisyahu foi barrado em um festival internacional de música perto de Valência, na Espanha, depois de se recusar a atender às demandas dos organizadores de que ele esclarecesse sua posição no que diz respeito ao sionismo e ao conflito Israel-Palestina.[234]

---

[231] Dave Rich, "Hatred at the Heart of the Campus War", *The Jewish Chronicle*, 2 nov. 2015. Disponível em: <http://www.thejc.com/comment-and-debate/comment/148444/hatred-heart-campus-wars>. Acesso em: 1 nov. 2016.

[232] Disponível em: <http://www.thetimes.co.uk/tto/news/uk/article4179551.ece>. Acesso em: 14 out. 2014.

[233] Disponível em: <http://www.thetimes.co.uk/tto/opinion/thunderer/article4168823.ece>. Acesso em: 14 out. 2014.

[234] Disponível em: <https://cst.org.uk/news/blog/2015/08/19/bds-and-morality-testing-for-jews>. Acesso em: 27 abr. 2017. Depois de muitas críticas, o boicote foi revertido.

33.
Admissão de antissemitismo por antissionistas

Alguns antissionistas declaram abertamente que o antissionismo é ou pode ser antissemita.

Em março de 2003, o diretor da galeria ArtMalaga na Espanha recusou-se a abrigar uma exposição da artista israelense Patricia Sassoon porque, em suas palavras, "certamente temos uma atitude antissemita com qualquer pessoa relacionada com aquele país".[235]

Mahatir Mohammed, ex-primeiro-ministro da Malásia, depois que um tribunal israelense decidiu em 2012 que as Forças de Defesa de Israel não eram culpadas pela morte de um ativista pró-palestino, escreveu:

> estou feliz por ser rotulado de antissemita. Como posso ser diferente quando os judeus, que tantas vezes falam dos horrores por eles sofridos durante o Holocausto, demonstram a mesma crueldade e dureza nazistas em relação não apenas aos seus inimigos, mas até mesmo para com seus aliados, caso algum deles tente impedir a matança sem sentido de seus inimigos palestinos?[236]

---

[235] Amnon Rubinstein, "The Cheshire Smile of Anti-Semitism", *Haaretz*, 11 mar. 2003, apud Phyllis Chesler, op. cit., p. 133.
[236] Disponível em: <http://chedet.cc/?p=837#>. Acesso em: 16 jan. 2018.

Mesmo os líderes mais esclarecidos do BDS admitem que seu movimento tem às vezes sucumbido ao antissemitismo. A professora americana Judith Butler, a principal filósofa e teórica política do BDS, reconheceu que algumas críticas a Israel "empregam retórica e argumento antissemitas".[237]

Um grupo de membros formado por diversos partidos do Parlamento escocês com interesse na Palestina condenou como potencialmente antissemita a conduta do seu próprio tesoureiro, que se recusou a debater o antissemitismo com os representantes de várias organizações sionistas, chamando-os de "terroristas ideológicos".[238]

Vários membros proeminentes do Partido Trabalhista britânico admitiram que muitos de seus ativistas expressaram pontos de vista antissemitas, e seu líder, Jeremy Corbyn, desculpou-se reiteradamente por esse comportamento.[239]

34.
Sionismo como uma palavra em código

Sionismo é usado como uma palavra em código para judaísmo. Antissionistas frequentemente utilizam a palavra "sionistas" ou, alternativamente, "sio", termo empregado

---

[237] Judith Butler, *Parting ways: Jewishness and the Critique of Zionism*, New York, 2012, p. 116, apud Cary Nelson e Gabriel Noah Brahm (eds.), *The Case Against Academic Boycotts of Israel*, Chicago, 2015, p. 251. A profa. Butler acrescenta que essa retórica deve ser contestada absoluta e inequivocamente; Cary Nelson, *The Problem with Judith Butler: The Political Philosophy of BDS and the movement to Delegitimate Israel*, apud Cary Nelson e Gabriel Noah Brahm (eds.), op. cit., p. 165.

[238] *Scottish MSP condemns 'astonishing' refusal to debate with Israel supporters*, 25 abr. 2017. Disponível em: <http://jewishnews.timesofisrael.com/scottish-msp-condemns-astonishing-refusal-to-debate-with-israel-supporters/>. Acesso em: 11 maio 2017.

[239] Ver, por exemplo, Hirsh, *Contemporary Left Antisemitism*, op. cit., e *The Jewish Chronicle*, 24 abr. e 2 ago. 2018.

por grupos antissemitas de extrema direita, quando se referem aos membros da comunidade judaica da Diáspora, como uma forma de encobrir uma declaração antissemita.

Em 1969, o dr. Hafez Ismael, ex-embaixador da República Árabe Unida na França, disse que, enquanto Israel for uma nação apoiada por "12 milhões de sionistas" de todo o mundo, haveria algo de estranho naquela parte do mundo. Como havia na época aproximadamente 12 milhões de judeus fora de Israel, é bastante claro que por "12 milhões de sionistas" o embaixador Ismael queria dizer 12 milhões de judeus. Já que, ao acusar os judeus do mundo, ele temia que isso viesse a criar uma publicidade negativa, substituiu a palavra "judeus" por "sionistas".[240]

O presidente da União Nacional Britânica dos Estudantes, David Aaronovitch, agora um jornalista conhecido, foi vítima de uma campanha de cartas falsificadas em 1981, que alegavam que ele recebia pagamento da Embaixada de Israel em Londres. A British Antizionist Organization (BAZO), que havia publicado tais cartas, argumentava que Aaronovitch tinha um nome "sionista". É evidente que não existe algo como um nome sionista, apenas um nome que soa judaico.[241]

Em 1972, a Embaixada Soviética em Paris foi acusada de fazer circular literatura antissemita em uma de suas publicações. A Embaixada utilizou como defesa o argumento de que o artigo em questão era dirigido aos "sionistas", não aos judeus. Grigory Svirsky, especialista em antissemitismo russo, exibiu no tribunal em Paris citações de uma publicação

---

[240] Coletiva de imprensa em 12 ago. 1969 à France Press Association, *Le Monde*, 15 ago. 1969.
[241] *Jewish Observer*, v. 38, n. 2, fev. 1981, apud *The Jerusalem Post International Edition*, 22-28 fev. 1981.

antissemita do infame bando de cossacos, os Cem Negros. Os dois textos, o publicado pela Embaixada Soviética e o dos Cem Negros, eram idênticos, exceto por um pequeno detalhe, se bem que significativo – na publicação da Embaixada Soviética, cada menção à palavra "judeu" fora substituída pela palavra "sionista". O tribunal em Paris considerou a Embaixada culpada e lhe aplicou uma multa pesada.[242]

Em mensagem enviada via Facebook, Rayhan Uddin, que concorria ao cargo de secretário-geral da London School of Economics Student Union (LSE) em março de 2016, afirmou que "líderes sionistas" haviam tentado "reconquistar a LSE e torná-la uma ala da direita e 'sio' novamente".[243]

Khadim Hussain, ex-prefeito de Bradford, foi suspenso do Partido Trabalhista depois de compartilhar uma postagem no Facebook que se referia aos "seis milhões de sionistas que foram mortos por Hitler".[244]

Nazim Ali, diretor da Comissão Islâmica de Direitos Humanos, organizador da manifestação anual do Al Quds antissionista em Londres, declarou em público, enquanto liderava a marcha em 18 de junho de 2017:

> Estamos fartos dos sionistas, estamos fartos de todos os seus rabinos; estamos fartos de todas as suas sinagogas, estamos fartos de seus apoiadores. Como sabemos, na torre Grenfell [um edifício residencial em Londres no qual muitos dos seus moradores morreram como resultado de um incêndio], inúmeros inocentes foram assassinados pelos comparsas de Theresa May, muitos

---

[242] Arnold Ages, "Anti-Semitism versus Anti-Zionism", *Conservative Judaism*, v. 31, n. 4, verão de 1972. Ver também Emanual Litvinoff, *Soviet Anti-Semitism: The Paris Trial*, London, 1974.
[243] Disponível em: <http://www.thejc.com/node/154476>. Acesso em: 1 nov. 2016.
[244] Disponível em: <http://www.bbc.co.uk/news/magazine-36160928>. Acesso em: 1 nov. 2016.

dos quais são partidários da ideologia sionista. Não nos esqueçamos de que algumas das maiores corporações que apoiavam o Partido Conservador são sionistas. Elas são responsáveis pelo assassinato da gente de Grenfell, naquelas torres em Grenfell, os partidários sionistas do Partido Conservador. São os sionistas que dão dinheiro ao Partido Conservador, para matar pessoas em edifícios altos. Palestina Livre e Livre.[245]

35. Antissionismo como um caso de dois pesos e duas medidas

Aqui o sionismo e o Estado de Israel, por um lado, e os países árabes e outras partes, por outro lado, são julgados de acordo com dois pesos e duas medidas. O que torna essa forma de antissionismo antissemita é que os judeus, enquanto judeus, são alvo de um modo particular de ataque.

O conceito de autodeterminação aplicado pelos antissionistas é uma boa ilustração desse ponto. O princípio da autodeterminação é definido como o direito das pessoas decidirem seu próprio futuro. De acordo com os antissionistas, cabe a cada povo decidir se forma tal entidade, conferindo-lhe o direito de autodeterminação. Alega-se que os palestinos se consideram um povo e, como tal, têm o direito de exigir um Estado próprio. No entanto, aos judeus, que também se consideram um povo, é negado esse mesmo direito. Os antissionistas que usam esse duplo padrão de julgamento assumem o encargo de decidir que, não importa como os judeus se consideram, eles não constituem um povo e, portanto, não

[245] *The Jewish Chronicle*, 23 jun. 2017.

têm direito a um Estado próprio. O padrão subjetivo de autodeterminação é transformado, no caso dos judeus, em um padrão totalmente diferente.[246]

Os antissionistas criticam frequentemente os judeus do mundo todo por apoiarem Israel. A crítica muitas vezes não se refere à *essência* do apoio judaico a Israel, mas sim ao *ato* de apoiá-lo. É dito que, ao apoiar Israel, ou suas políticas, ou o sionismo, os judeus que vivem em outros países violam seus direitos como cidadãos daqueles países. Em variações mais extremas, os judeus são acusados de "dupla lealdade", ou seja, a concepção absurda de que o apoio ao país do qual é cidadão e o apoio a Israel não podem ser conciliados. Os oponentes de Israel, é claro, não verão nada de errado com os palestinos que vivem como cidadãos em diferentes lugares do mundo, ou no que diz respeito aos milhões de árabes espalhados por tantas nações que apoiam o estabelecimento de um Estado palestino.[247]

36.
As consequências do antissionismo

A essência dessa teoria é que, sendo o apoio ao sionismo e à existência do Estado de Israel compartilhado por uma

---

[246] *Seminar of Arab Jurists on Palestine, Algiers, 22-27 July 1967 – The Palestine Question*, Institute for Palestine Studies, Beirute, 1968; Lahav Harkov, "Arab MK Zoabi – Jews Not Entitled to Self-determination", *The Jerusalem Post*, 13 out. 2017. Disponível em: <www.jpost/Israel-News/Arab-MK-Zoabi-not-entitled-to-self-determination-507309>. Acesso em: 11 jan. 2018.

[247] John J. Mearsheimer e Stephen M. Walt, *The Israel Lobby and U.S. Foreign Policy*, London, 2007; Adam Kredo, *White House, Allies Accuse Jewish Lawmakers of Dual Loyalty To Israel*. Disponível em: <http://freebeacon.com/national-security/white-house-allies-accuse-jewish-lawmakers-of-dual-loyalty-to-israel/>. Acesso em: 16 jan. 2018. Ver também a acusação contra a jornalista Melanie Phillips no programa da BBC One "Question Time", *The Times*, 19 jun. 2018.

esmagadora maioria de judeus em todo o mundo e uma vez que Israel é visto como uma dimensão importante, se não central, da identidade judaica, segue-se que um ataque ao Estado de Israel é, portanto, um ataque aos judeus de todo o mundo. Para o professor Shlomo Avineri, da Universidade Hebraica de Jerusalém, é fato que a maioria dos judeus hoje se define, de uma forma ou outra e em vários graus de intensidade, em relação a Israel. Caso Israel desapareça, ou uma grande catástrofe recaia sobre o Estado, praticamente todo o povo judeu iria considerar tal fato uma grande tragédia para sua própria existência enquanto judeu. Por conseguinte, uma deslegitimação de Israel equivale à deslegitimação da existência judaica, conforme entendido atualmente pela maioria dos judeus.[248]

Para o professor Kenneth L. Marcus, da Universidade Brandeis,

> Certas formas de hostilidade contra Israel são antissemitas no sentido de que causam danos previsíveis aos judeus com base em um traço que é central para a identidade judaica [...]. Qualquer abuso contra Israel pela campanha do BDS é profundamente ofensivo aos judeus devido à relação íntima entre a identidade pessoal do judeu e seu apego a Israel. Na verdade, para muitos judeus, um compromisso com Israel é intrínseco à sua crença religiosa, o caso paradigmático de uma característica que um povo não deveria ser obrigado a mudar. Para aqueles judeus que abraçam Israel como parte de sua identidade judaica, o compromisso pode ser de duração multigeracional, compartilhado do ponto de vista histórico por muitos membros do grupo, inscrito centralmente na literatura e na tradição comum do grupo, e prevalente da cultura.[249]

---

[248] Shlomo Avineri, *Anti-Semitism Today: A Symposium, Patterns of Prejudice*, v.16, n. 4, out. 1982, pp. 4-5.
[249] Kenneth L. Marcus, *Is the Boycott, Divestment, and Sanctions Movement Anti-Semitic?*, apud Cary Nelson e Gabriel Noah Brahm (eds.), op. cit., p. 252.

Essa não é uma alegação absurda de forma alguma, afirma Jonathan Freedland, do *The Guardian*.

A afinidade judaica com Israel é agora tão difundida e arraigada, em todo o espectro político e religioso, que realmente se tornou uma parte central da identidade judaica [...]. Isso deveria dar uma pausa aos antissionistas; por mais que insistam que condenam apenas sionistas, não judeus, não é assim que os próprios judeus o vivenciam. O povo judeu tomou uma resolução desde 1945 e abraçou o sionismo. Opor-se a essa ideia agora é opor-se ao cerne da crença judaica.[250]

Se olharmos para os principais tópicos do antissionismo nas últimas décadas, notamos em particular a equiparação do sionismo ao nazismo. Uma vez que a maioria dos judeus se identifica intimamente com Israel, uma dimensão antijudaica pode ser vista nessa investida. Em outras palavras, acusar o sionismo e Israel de nazismo equivale a acusar os judeus de nazistas, uma inversão bastante cínica das vítimas de ontem nos perpetradores de hoje.

37.
Simpatizantes antissionistas

O conceito de antissionistas coniventes com antissemitas sem que sejam eles próprios antissemitas – originalmente desenvolvido no contexto da revolução bolchevique – foi analisado por Anthony Julius:

---

[250] Jonathan Freedland, "Is Anti-Zionism Antisemitism?", em Paul Iganski e Barry Kosmin (eds.), *A New Antisemitism? Debating Judeophobia in 21st-Century Britain*, London, 2003, p. 122.

Eles são vistos frequentemente como defensores de antissemitas – não culpados pessoalmente da ofensa, mas rápidos em defender outros que são de fato culpados... Eles dividem espaço com os antissemitas, não incomodados pela sua companhia; considerados uma espécie de "simpatizantes" [...] o tipo de pessoa pronta a ignorar ou desculpar tudo o que seja cruel na causa que apoia ou nos protagonistas que admira.[251]

Em março de 2009, o conhecido cineasta britânico Ken Loach respondeu a uma reportagem sobre o recrudescimento do antissemitismo desde o início da Guerra de Gaza. Loach descreveu a reportagem como uma manobra de desvio de atenção, acrescentando que "se houve um aumento, não estou surpreso. Na verdade, é perfeitamente compreensível, porque Israel alimenta sentimentos de antissemitismo".[252]

Jean Baubérot, líder no passado da Associação Francesa dos Estudantes Cristãos, declarou que ser contra todas as formas de racismo é tão estúpido quanto ser contra todas as formas de violência; que os palestinos têm o direito de parecerem antissemitas para *"nós"*. [Baubérot se distancia então da posição de um conivente externo quando escreve que demonstrar os meandros do problema palestino *nos* força a tratar os judeus como opressores e que se *nos* é permitido fazer uso de termos idênticos e partes de frases empregadas por Hitler, mesmo que não tenhamos nada em comum com aquela ideologia].[253]

---

[251] Anthony Julius, *Trials of the Diaspora – A History of Anti-Semitism in England*, Oxford, 2010, p. 522.
[252] "EU-wide rise in anti-Semitism described as 'understandable'", *EU Politics News*, 4 mar. 2009.
[253] Jean Baubérot, "La Vie de l'Alliance", *Herytem*, maio-jul. 1969.

38.
Visões antissemita e antissionista nas mesmas pessoas

Os pesquisadores estavam interessados em descobrir se um defensor de opiniões anti-Israel extremas, que também sustentasse simultaneamente pontos de vista antissemitas, era uma ocorrência prevalente. Os professores Edward Kaplan e Charles Small chegaram à conclusão de que havia uma correlação entre ambos:

> No discurso em torno do conflito israelense-palestino, críticas extremas a Israel (por exemplo, Israel é um Estado de apartheid, as Forças de Defesa de Israel visam deliberadamente civis palestinos), juntamente com propostas políticas extremas (por exemplo, boicote de acadêmicos e instituições israelenses, desinvestimento em empresas que fazem negócios com Israel), geraram os contra-argumentos de que tais críticas são antissemitas (pois apenas Israel é destacado). A pesquisa neste artigo lança uma luz estatística diferente sobre essa questão: com base em uma pesquisa com quinhentos cidadãos em dez países europeus, os autores buscam saber se aqueles indivíduos com concepções anti-Israel extremas são mais propensos a serem antissemitas. Mesmo depois de controlarem vários fatores potencialmente confusos, chegaram à conclusão de que o sentimento anti-Israel prediz consistentemente a probabilidade de que um indivíduo seja antissemita, sendo possível que o antissemitismo medido aumente com a extensão do sentimento anti-Israel observado.[254]

---

[254] Edward H. Kaplan; Charles A. Small, "Anti-Israel Sentiment Predicts Anti-Semitism in Europe, Abstract", *The Journal of Conflict Resolution*, ago. 2006, v. 50, n. 4, pp. 548-61.
L. Daniel Staetsky, "Antisemitism in contemporary Great Britain – A study of attitudes towards Jews and Israel", *JPR Report*, set. 2017.

Jackie Walker, uma judia britânica de esquerda antissionista, expressou concepções antissemitas distintas em seus pontos de vista antissionistas. Ela escreveu em seu Facebook que os judeus eram os "principais financiadores do comércio de açúcar e de escravos".[255]

39. Antissemitismo não intencional no antissionismo

De acordo com o acadêmico britânico David Hirsh, agora é amplamente aceito entre estudiosos e ativistas antirracistas que "atos, discursos, ideias, práticas ou instituições podem ser racistas ou podem levar a resultados racistas, independentemente de as pessoas envolvidas serem ou não consideradas autoconscientemente racistas".[256]

O relatório do lorde Scarman sobre os protestos de Brixton, em Londres, em 1981, repetido e ampliado pelo juiz britânico Macpherson em 1999 em sua investigação sobre o assassinato de Stephen Lawrence, reconheceu a existência de racismo "involuntário", "inconsciente" e "não intencional".[257]

Em 14 de janeiro de 2002, o semanário *New Statesman* publicou, em sua capa, uma estrela de Davi perfurando a Union Jack, a bandeira britânica, com a manchete "Uma Conspiração *Kosher*". A edição incluía dois artigos que

---

[255] *Jewish Chronicle*, 2 jun. e 7 out. 2016; *The Times*, 5 out. 2016; Dave Rich, 2016, op. cit., pp. 242-6.
[256] David Hirsh, "Hostility to Israel and Antisemitism: Toward a Sociological Approach", *Journal for the Study of Antisemitism*, JSA, v. 5, n. 1, 2013, p. 1413.
[257] William Macpherson, *Report of the Stephen Lawrence Inquiry*, 24 fev. 1999. Disponível em: <http://www.archive.official-documents.co.uk/document/cm42/4262/sli-06.htm>. Acesso em: 25 abr. 2014.

analisavam a influência do *lobby* pró-Israel. Peter Wilby, editor do *New Statesman*, escreveu posteriormente: "Nós (ou mais precisamente, eu) entendi errado" e "A capa não tinha a intenção de ser antissemita, o *New Statesman* se opõe vigorosamente ao racismo em todas as suas formas. Contudo, ele fez uso de imagens e palavras de tal modo a criar involuntariamente a impressão de que o *New Statesman* estava seguindo uma tradição antissemita, que vê os judeus como uma conspiração perfurando o coração da nação."[258]

Em mensagem postada no Facebook, Rayhan Uddin, que concorria ao cargo de secretário-geral da London School of Economics Student Union (LSE), afirmou que "líderes sionistas" haviam tentado "reconquistar a LSE e torná-la uma ala da direita e 'sio' novamente". Em uma mensagem subsequente no Facebook, ele se desculpou da seguinte forma: "é totalmente repugnante para mim pensar que eu possa ter involuntariamente ter parecido endossar de alguma maneira a sórdida ideologia do antissemitismo".[259]

---

[258] *New Statesman*, 11 fev. 2002.
[259] Disponível em: <http://www.thejc.com/node/154476>. Acesso em: 1 nov. 2016.

PARTE 4

OS MEIOS DO ANTISSIONISMO

40.
Violência

A violência tem sido frequentemente um meio usado pelos antissionistas para atingir seu objetivo.

Entre as táticas violentas empregadas pelos antissionistas estão guerras, revoltas, tomada de reféns, sequestro de aviões, apedrejamentos, esfaqueamentos, tiroteios, bombardeios e incêndios criminosos.

Em termos de vítimas, foi estimado que na Palestina/Israel milhares de israelenses/judeus foram mortos ou feridos em consequência de terrorismo e de outras formas de violência.[260]

41.
Charges

Antissionistas muitas vezes utilizam charges para expressar suas opiniões sobre o sionismo/Israel.

---

[260] Disponível em: <https://www.jewishvirtuallibrary.org/total-casualties-arab-israeli-conflict>. Acesso em: 9 fev. 2017.

Fantasias de Terror[261]

---

[261] Trecho de uma mensagem no Facebook: "*Ireland Palestine Solidarity Campaign, October 31, 2015*," *Ireland Palestine Solidarity Campaign*, creditada pelo UN Committee on the Exercise of the Inalienable Rights of the Palestinian People. Disponível em: <http://www.humanrightsvoices.org/assets/images/panels/list_10/Report-on-UN-NGOs-Spreading-Antisemitism-Terror-September-2016.pdf>. Acesso em: 11 maio 2017.
[N.T.: Enquanto você se prepara para celebrar hoje o Halloween, reserve um minuto para pensar na Palestina, onde todo dia e toda noite as pessoas estão vivendo cheias de horror e terror nas mãos das forças de ocupação israelenses.]

A Solução Final[262]

42. Boicote, Desinvestimento e Sanções (BDS)

Em 2001, foi convocada uma conferência das Nações Unidas em Durban, África do Sul, para tratar da luta global contra o racismo. Em uma reunião paralela de Organizações Não Governamentais, a seguinte resolução foi adotada:

---

[262] Charge com o primeiro-ministro israelense Menachem Begin no jornal inglês *Labour Herald*, 25 jun. 1982. Disponível em: <http://www.haaretz.com/opinion/1.781902>. Acesso em: 11 maio 2017.

Declaração de ONGs, Conferência Mundial contra o Racismo, Discriminação Racial, Xenofobia e Intolerância Correlata, Durban, setembro de 2001: Exige... a adoção de todas medidas... empregadas contra o regime de Apartheid sul-africano (Artigo 418). Exige o lançamento de um movimento internacional contra o apartheid israelense, semelhante ao implementado contra o Apartheid da África do Sul, por meio de uma campanha de solidariedade global da sociedade civil internacional (Artigo 424). Impõe uma política de isolamento completo e total de Israel como um Estado de apartheid... a imposição de sanções e embargos obrigatórios e abrangentes, a cessação total de todas as relações (diplomáticas, econômicas, sociais, de ajuda, de cooperação e treinamento militar) dos demais Estados com Israel (Artigo 425).[263]

Em 2005, 170 organizações palestinas em Israel, a Autoridade Palestina e organizações estrangeiras se uniram como uma coalizão intitulada "A Sociedade Civil Palestina Exige Boicote, Desinvestimento e Sanções [BDS] Contra Israel".[264]

Boicotes e a campanha BDS subsequentemente se espalharam por todo o mundo, em universidades, igrejas, sindicatos e outras esferas. O BDS tornou-se o elemento-chave do movimento antissionista em todo o mundo, muitas vezes expresso como um grito de guerra em seu discurso e atividades.

---

[263] *Boycott, Disinvestment, Sanctions*, disponível em: <http://honestreporting.com/wp-content/uploads/2012/07/BDS-an-Introduction.pdf>. Acesso em: 24 fev. 2015. Para uma definição, ver p. 20.
[264] Idem.

43.
Omissões de fatos e deturpações

Relatos verbais ou escritos de eventos são, por consenso universal, sujeitos a padrões de exatidão, imparcialidade e honestidade. Os antissionistas são acusados, com frequência, de violar esses padrões. Entre os tipos de tendenciosidade que podem ser encontrados estão as omissões de fatos e as deturpações.

Exemplo: a alegação de que as Nações Unidas declararam o Direito de Retorno de todos os refugiados palestinos.[265]

A alegação de que a resolução concede a todos os refugiados o direito absoluto de repatriação é enganosa. A Resolução 194 da Assembleia Geral, de dezembro de 1948, não menciona um Direito de Retorno. O Artigo 11 da resolução é restrito a refugiados que desejam voltar para suas casas "e viver em paz com seus vizinhos" e que "deveriam ser autorizados a fazê-lo na data mais próxima possível", porque era óbvio para a ONU que o retorno de uma quinta-coluna hostil poderia colocar em perigo a existência de Israel. Além disso, como a resolução foi aprovada pela Assembleia Geral da ONU, ela não é juridicamente vinculativa de acordo com seu estatuto, fato destacado pelo uso da palavra "deveriam" na resolução. Por último, mas não menos importante, os Estados árabes rejeitaram a resolução.[266]

Exemplo: a alegação de que o tratamento de Israel direcionado aos cidadãos árabes israelenses dentro das fronteiras

---

[265] Disponível em: <www.1948.org.uk/right-of-return/>. Acesso em: 13 jan. 2018; <https://www.palwatch.org/main.aspx?fi=790&doc_id=19751>. Acesso em: 25 abr. 2017.

[266] Disponível em: <https://www.jewishvirtuallibrary.org/jsource/myths3/MFrefugees.html#9>. Acesso em: 1 fev. 2017.

de Israel pré-1967 é semelhante ao tratamento dado a negros no Apartheid sul-africano.[267]

A falácia da afirmação está em sua seleção de certas características de similaridade não representativa entre Israel e o Apartheid da África do Sul, omitindo as diferenças significativas entre os dois países (ao contrário do Apartheid sul-africano, os árabes israelenses usufruem de cidadania e direitos iguais, podem votar e ser eleitos para o Parlamento israelense, servir no governo, em cargos hierarquicamente elevados no Ministério de Relações Exteriores e no Judiciário, incluindo o Supremo Tribunal; eles desfrutam de liberdade de movimento, reunião e expressão; escolas, universidades e hospitais não fazem distinção entre árabes e judeus; judeus e árabes compartilham refeições em restaurantes e viajam juntos em trens, ônibus e táxis).[268] Ademais, aqueles antissionistas que acusam Israel também ignoram consideráveis evidências que apontam para o fato de que a analogia com o Apartheid é mais apropriada para os países árabes, muitos deles com regimes ditatoriais e históricos terríveis no tocante a direitos humanos relacionados a grupos como cristãos, judeus, curdos, dissidentes políticos, mulheres e homossexuais.[269]

Exemplo: a acusação de colonialismo e imperialismo contra o sionismo/Israel.[270]

Aqui é difícil encontrar qualquer semelhança entre sionismo e colonialismo:

- Os sionistas nunca foram os colonizadores de nenhuma terra em que tenham explorado a população nativa para seu próprio benefício econômico ou político.

---
[267] Ver, por exemplo, pp. 81-90.
[268] Disponível em: <http://www.bicom.org.uk/analysis/20001/>. Acesso em: 1 fev. 2017.
[269] Disponível em: <http://www.jewishvirtuallibrary.org/myths-and-facts-human-rights-in-arab-countries>. Acesso em: 26 abr. 2017.
[270] Ver, por exemplo, "Antissionismo de esquerda", pp. 25-47 e o capítulo intitulado "Colonialismo/Imperialismo" na seção sobre antissionismo árabe e muçulmano, pp. 79-81.

- Uma característica típica do colonialismo é a falta de conexão histórica entre o Estado colonial de origem e seus colonos representativos e as terras que estavam colonizando. O sionismo, por outro lado, representou um retorno dos judeus à sua pátria histórica, a fim de recuperar a terra de seus ancestrais.
- Além disso, como o modelo colonial de simbiose entre o Estado-mãe e os colonos se coaduna com os crescentes ataques ferozes dos imigrantes sionistas às forças britânicas durante o Mandato?
- Além disso, os sionistas não roubaram terras e nem expulsaram de modo sistemático os habitantes, mas sim compraram a terra legalmente.
- O movimento sionista foi permeado com uma forte dose de socialismo, a antítese do capitalismo.[271]

Ao contrário dos sionistas, o mundo árabe exibia as características de uma sociedade feudal reacionária:

- A maioria dos Estados árabes foi criada pelas potências imperialistas da Grã-Bretanha e da França, continuando a receber apoio significativo após o estabelecimento de Israel, da União Soviética e de outros países.
- Por último, mas não menos importante: no passado, a nação árabe se expandiu pela espada até se tornar um vasto império, chegando até a França, Áustria, Itália e Hungria. Vale a pena lembrar a ocupação da Margem Ocidental pela Jordânia em 1948, um território que deveria ser destinado pela ONU para um Estado palestino independente,

---

[271] Nathan Weinstock, *Histoire de chiens: La dhimmitude dans le conflit israélo-palestinien*, 2004, pp. 97-108; Nathan Weinstock, *Terre Promise, trop Promise: Genèse du Conflit Israélo-Palestinien (1882-1948)*, cit. , p. 58.

juntamente com a ocupação do Líbano pela Síria e a invasão do Kuwait por Saddam Hussein. A ocupação israelense da Margem Ocidental em 1967, por outro lado, não foi um ato premeditado, e sim de autodefesa.[272]

44.
Falsificações

Relatos verbais ou escritos sobre eventos são, por consenso universal, sujeitos a padrões de exatidão, imparcialidade e honestidade. Os antissionistas são acusados, com frequência, de violar esses padrões. Entre os tipos de tendenciosidade que podem ser encontrados estão as falsificações. Às vezes, inimigos do sionismo/Israel adulteram deliberadamente os fatos a fim de retratar o país de modo desfavorável ou, ainda pior, recorrem à adulteração de imagens.

Exemplo: em 2016, uma fotografia da Reuters, retratando uma fumaça saindo de edifícios em Beirute, foi removida do site pela agência de notícias depois que alegaram que a fotografia havia sido modificada de modo a incluir mais fumaça e danos. A fotografia mostrava duas colunas muito espessas de fumaça preta saindo de edifícios em Beirute após um ataque da Força Aérea Israelense à capital libanesa. A Reuters retirou a fotografia e publicou uma mensagem em que admitia que a imagem estava distorcida e oferecia um pedido de desculpas.[273]

Exemplo: comprovou-se ser falsa uma foto tuitada que supostamente retratava os resultados de ataques aéreos israelenses em Gaza em 2012. A foto, que mostrava supostamente

---
[272] Efraim Karsh, *Islamic Imperialism, A History*, London, 2006.
[273] Disponível em: <http://www.ynetnews.com/articles/0,7340,L-3286966,00.html>. Acesso em: 1 fev. 2017.

uma menina palestina morta por um ataque aéreo israelense, tinha origem em 2006 e não tinha absolutamente nada a ver com a ação israelense mencionada.[274]

45. Descontextualização

Relatos verbais ou escritos de eventos são, por consenso universal, sujeitos a padrões de exatidão, imparcialidade e honestidade. Os antissionistas são acusados, com frequência, de violar esses padrões. Entre os tipos de tendenciosidade que podem ser encontrados está a descontextualização. Ter consciência do contexto é essencial para aqueles que examinam, avaliam e julgam o comportamento de um país. Os críticos de Israel costumam vê-lo como se atuasse no vácuo. Eles não conseguem ver ou se recusam a considerar eventos externos que explicam por que Israel agiu ou não agiu de uma certa maneira.

Exemplo: a condenação do bloqueio de Israel a Gaza sem qualquer esclarecimento sobre a atuação de Israel.

Em 7 de setembro de 2016, o *The Guardian* publicou a seguinte história: "A indústria pesqueira palestina opera sob restrições rigorosamente impostas. Uma zona de interdição policiada por Israel limita o alcance de atuação a 9,6 km de distância da costa de Gaza. Os pescadores correm o risco de serem alvejados, presos e de ter sua pesca confiscada." No entanto, o jornal não mencionou por que Israel estabeleceu uma zona marítima de interdição: o contrabando de armas pelo Hamas.[275]

---

[274] Disponível em: <https://www.idfblog.com/2012/03/12/photos-gaza-aerial-strikes-provenfalse/>. Acesso em: 1 fev. 2017.

[275] Disponível em: <http://honestreporting.com/the-guardian-filleting-the-context/>; <http://honestreporting.com/reuters-throws-vital-context-overboard/>. Acesso em: 1 fev. 2017.

46.
Exageros

Relatos verbais ou escritos de eventos são, por consenso universal, sujeitos a padrões de exatidão, imparcialidade e honestidade. Os antissionistas são acusados, com frequência, de violar esses padrões. Entre os tipos de tendenciosidade que podem ser encontrados estão os exageros. Às vezes, os eventos são apresentados como sendo consideravelmente piores do que foram na realidade.

Exemplo: a falsa acusação de que Israel cometeu um massacre no campo de refugiados de Jenin em abril de 2002.

Em abril de 2002, a Autoridade Palestina fez acusações infundadas de que as forças israelenses "massacraram" civis palestinos no campo de refugiados de Jenin em abril de 2002. Evidências irrefutáveis provaram subsequentemente que nenhum massacre desse tipo havia ocorrido.[276]

47.
Dois pesos, duas medidas

Relatos verbais ou escritos de eventos são, por consenso universal, sujeitos a padrões de exatidão, imparcialidade e honestidade. Os antissionistas são acusados, com frequência, de violar esses padrões. Entre os tipos de tendenciosidade que podem ser encontrados estão os padrões duplos. Dessa forma, o sionismo/Israel é julgado de acordo com uma medida, os países árabes e os demais, segundo outra.

---

[276] Disponível em: <http://www.jewishvirtuallibrary.org/myths-and-facts-the-palestinian-uprisings#q1>; <http://www.jewishvirtuallibrary.org/jsource/UN/jenin.html>. Acesso em: 1 fev. 2017.

Exemplo: a condenação regular de Israel pela Assembleia Geral e pelo Conselho de Direitos Humanos da ONU, ao passo que o comportamento de regimes repressivos é amplamente ignorado. Ao contrário da garantia de igualdade da Carta da ONU, sua Assembleia Geral continua a destacar Israel por 20 resoluções unilaterais a cada ano na Assembleia Geral – enquanto todo o resto do mundo em conjunto recebe quatro resoluções. Da mesma forma, no Conselho de Direitos Humanos da ONU, Israel é o único país no mundo a ser um item específico da agenda – em cada reunião. O secretário-geral condenou isso. O Conselho mantém um investigador permanente sobre as "violações de Israel". Ao mesmo tempo, os verdadeiros violadores dos direitos humanos são eleitos para altos cargos no Conselho de Direitos Humanos da ONU.[277]

48.
As esferas do antissionismo

A campanha contra o sionismo e o Estado de Israel tem abrangido múltiplas esferas da sociedade nacional e da arena internacional. As principais áreas em que tem sido mais ativa são: meio acadêmico, universidades, sites, redes sociais, televisão, rádio, jornais, artes, cultura, esportes, sindicatos, religiões, política, instituições internacionais, direito, escolas, arquitetura, medicina e entretenimento.

Exemplo: Sindicatos de trabalhadores em vários países têm sido ativos na campanha contra o sionismo/Israel. Vários deles adotaram um discurso que, inequivocamente, toma partido dos inimigos do Estado judeu. No Reino Unido, por exemplo

---

[277] Disponível em: <http://www.unwatch.org/en/>. Acesso em: 1 fev. 2017.

o Trades Union Congress (TUC) e os sindicatos-membros têm regularmente adotado resoluções que contêm uma retórica anti-israelense e pró-palestina. Toda uma geração de ativistas sindicais da esquerda britânica foi criada em um regime de moções de conferência cuja única menção a Israel está relacionada à sua "brutalidade" e à "opressão" do povo palestino.[278]

Vários sindicatos britânicos adotaram a campanha do Boicote, Desinvestimento e Sanções (BDS) e cooperaram com a principal organização antissionista britânica, a Palestine Solidarity Campaign (PSC) [Campanha de Solidariedade Palestina]. O ativismo anti-israelense de um sindicato britânico, o University Lecturers Union (UCU) [União dos Palestrantes Universitários] levou muitos de seus membros judeus a renunciarem à sua filiação.[279]

---

[278] Ronnie Fraser, "The British Trade Movement, Israel and Boycotts". Disponível em: <http://jcpa.org/article/the-british-trade-union-movement-israel-and-boycotts/>. Acesso em: 10 fev. 2017.

[279] Idem. Ver também Cary Nelson (ed.), *Dreams Deferred: A Concise Guide to the Israeli-Palestinian Conflict and the Movement to Boycott Israel*, Bloomington, 2016, pp. 72-7.

PARTE 5

FERRAMENTAS PARA ATIVISTAS E ANALISTAS

49.
Uma sucinta relação de fontes

Monitoramento

https://www.memri.org/
https://www.palwatch.org/
http://www.jpost.com/
http://www.timesofisrael.com/

Análise

The Case Against Academic Boycotts of Israel, Cary Nelson; Gabriel Noah Brahm (eds.), Chicago, 2015.

Deciphering the New Antisemitism, Alvin H. Rosenfeld (ed.), Bloomington, 2015.

Dreams Deferred: A Concise Guide to the Israeli-Palestinian Conflict and the Movement to Boycott Israel, Cary Nelson (ed.), Bloomington, 2016.

Refutação

http://www.jewishvirtuallibrary.org/
http://honestreporting.com/
http://www.camera.org/
http://mfa.gov.il/MFA/PressRoom/Pages/MFA-Spokesperson.aspx

150 Palestinian tales: Facts to Better Understand the Arab-Israeli Conflict, Tom S. van Bemmelen, Soesterberg, 2016.

50.
Perguntas de revisão

Parte 1:
Os fundamentos

1. Definição de antissionismo

O que é o antissionismo?

O que é o antissionismo politicida?

O que é o antissionismo anti-Israel?

O que é deslegitimação?

O que é desumanização?

O que é demonização?

Qual é a diferença entre o antissionismo e a crítica às políticas de Israel?

2. Definição de conceitos relacionados

O que é antissemitismo de acordo com o International Holocaust Remembrance Alliance (IHRA)?

O que a definição da IHRA diz sobre Israel?

O que é a campanha de Boicote, Desinvestimento e Sanções?

O que é o boicote a Israel?

O que é o desinvestimento em Israel?

Quais são as sanções propostas em relação a Israel?

O que é diferenciação?

O que é interseccionalidade?

O que é *Lawfare*?

O que é *Pink-washing*?

3. As causas do antissionismo

Quais poderiam ser as causas do antissionismo?

Quais poderiam ser as causas geopolíticas e comerciais?

Quais poderiam ser as causas psicológicas?

Quais poderiam ser as causas politicamente corretas?

PARTE 2:
O antissionismo é antissemita? A dimensão ideológica

Antissionismo de esquerda

O que é a ideologia antissionista de esquerda?

Por que o interesse dos ideólogos de esquerda pela "questão judaica" não é uma surpresa?

Por que a oposição de dezenas de pessoas da esquerda a Israel e o apoio a uma campanha de deslegitimação foi uma surpresa?

O que se pode dizer sobre Karl Marx em relação ao sionismo?

O que Marx escreveu sobre os judeus?

O que é o ódio de si mesmo?

4. Karl Kautsky

Por que as opiniões de Kautsky sobre o sionismo são tão importantes?

Quais eram suas opiniões sobre como resolver o problema judaico?

Por que ele considerava o sionismo como reacionário?

Por que ele considerava o sionismo como racista?

O que ele escreveu sobre o encontro de Herzl com Plehve?

Qual foi a análise feita por Kautsky do sionismo no contexto palestino?

Qual era a visão de Kautsky sobre o colonialismo britânico na Palestina?

Qual era a visão de Kautsky sobre a relação entre os colonos judeus e a população árabe local?

5. O Bund

Qual era o ponto de vista dos bundistas acerca dos valores e da identidade judaicas?

O que era autonomismo?

Por que os bundistas acreditavam que o sionismo era contra o socialismo?

Qual era a visão bundista sobre a situação na Palestina?

Qual foi a opinião do Bund sobre a Declaração Balfour?

Qual era a opinião de Vladimir Medem sobre o sionismo?

Qual era a opinião de Emanuel Scherer sobre o sionismo?

Qual era a opinião de Liebmann Hersh sobre o sionismo?

6. Eduard Bernstein

Qual era a visão de Eduard Bernstein sobre o sionismo?

7. Lênin

Quais foram as duas categorias em que Lênin dividiu os judeus?

O que Lênin entendeu por sua categorização dos judeus como "casta"?

Que solução Lênin defendeu para os judeus?

O que Lênin escreveu sobre quem resiste à assimilação?

8. Trotsky

O que Trotsky escreveu sobre Herzl?

Qual era a visão de Trotsky sobre as políticas britânicas na Palestina?

9. Depois de 1917

Por que o antissionismo de esquerda se tornou tão importante depois de 1917?

Como os novos líderes russos viam o cenário internacional?

Como os novos líderes russos viam o sionismo em seu ambiente doméstico?

Qual foi a posição da União Soviética sobre o sionismo após a Segunda Guerra Mundial?

10. Partidos comunistas em países não comunistas

Qual era a opinião do Partido Comunista Palestino sobre o sionismo?

Qual era a opinião do Partido Comunista Americano sobre o sionismo?

11. Após a independência de Israel

Qual foi a visão da União Soviética após a independência de Israel?

Qual é o significado do livro *Judaism without Embellishment*?

Qual foi a reação da União Soviética à Guerra dos Seis Dias de 1967?

12. Temas contemporâneos

Qual era a visão de Abraham Léon sobre o sionismo?

Quais são as opiniões de Lenni Brenner e Ken Livingstone sobre a relação entre nazismo e sionismo?

Antissionismo da conspiração
O que é a teoria da conspiração?

13. O antissionismo cristão da conspiração
Qual era a visão da *La Civiltà Cattolica* sobre a criação de um Estado judeu?

O que Gerald Smith escreveu sobre o sionismo?

Como Kamal Nasser amalgamou ideologias diversas?

14. O antissionismo nazista da conspiração
O que Hitler escreveu sobre o sionismo?

O que Von Neurath, ministro alemão das Relações Exteriores, escreveu que aconteceria uma vez que o Estado judeu fosse estabelecido?

O que Alfred Rosenberg e Heinz Riecke escreveram sobre a relação entre judeus sionistas e antissionistas?

O que Heinrich Hest escreveu sobre o Estado judeu?

15. O antissionismo neonazista da conspiração
Qual foi a analogia médica feita por A. K. Chesterton?

Qual foi a abordagem sutil de John Tyndal sobre os *Protocolos*?

Qual é o objetivo sionista de acordo com Martin Webster?

O que é talvez a reivindicação final defendida pela Frente Nacional?

O que o reverendo Louis Farrakhan disse sobre os ataques de 11 de setembro e Israel?

Qual foi a opinião do Partido Nacional britânico sobre a crise na Ucrânia em 2014?

16. Negacionistas do Holocausto

Qual é o fundamento da negação do Holocausto?

O que Paul Rassinier escreveu sobre fabricação e falsificação?

O que Robert Faurisson afirmou sobre "câmaras de gás" e o "genocídio"?

De acordo com Arthur R. Butz, quem inventou o genocídio e qual foi a prova?

Qual foi a afirmação de Ditlieb Felderer sobre o diário de Anne Frank?

Antissionismo cristão

17. "Deicídio"

Qual é a acusação de deicídio e qual é a conexão que está sendo feita com o sionismo?

O que disse o memorando da Associação Cristã Italiana Para a Defesa dos Lugares Sagrados ao governo italiano e à Liga das Nações?

Qual era a visão do *Christian Century*?

Qual foi a mensagem de Maximos V Hakim, o patriarca de Antioquia e Todo o Oriente, de Alexandria e de Jerusalém?

18. "Descrença"

Qual é o fundamento lógico da descrença dos judeus na religião cristã?

Qual era a posição do cardeal Merry del Val, secretário de Estado do Vaticano?

Qual foi a posição do papa Pio X?

De acordo com o *Christian Century*, o que os judeus devem fazer e por quê?

O que aconteceria se os judeus não implementassem o programa defendido pelo *Christian Century*?

19. Outros argumentos cristãos

Qual é a ideia de temporariedade?
O que é a teologia da substituição?
Qual é a justificativa do ato divino de oposição ao sionismo?
Explique o uso de citações do Novo Testamento para justificar a oposição ao sionismo.
Explique a interpretação do conceito de Eleição para justificar a oposição ao sionismo.
Qual é a visão dos cristãos milenaristas?
Qual é a atitude de alguns cristãos antissionistas em relação ao uso da violência?
Quais são os argumentos do reverendo Sizer contra o sionismo?
Por que o uso de temas da ideologia da esquerda por cristãos antissionistas é paradoxal?

Antissionismo judaico

20. Emancipacionismo

Qual era o fundamento lógico do antissionismo emancipacionista, tanto para os assimilacionistas quanto para aqueles que queriam se integrar à sociedade gentia?
Qual era a opinião dos antissionistas emancipacionistas sobre o antissemitismo?
Por que os antissionistas emancipacionistas acreditavam que o sionismo era derrotista?

O que os antissionistas emancipacionistas escreveram sobre a dupla lealdade?

O que os antissionistas emancipacionistas escreveram sobre a cultura de seu respectivo país em oposição ao sionismo?

O que os antissionistas emancipacionistas pensam dos judeus como uma nação?

O que os antissionistas emancipacionistas pensam do sionismo como uma forma de nacionalismo?

Por que os antissionistas emancipacionistas consideram o sionismo uma ameaça?

Cite outros argumentos dos antissionistas emancipacionistas.

21. Os rabinos do protesto

Por que a ideia sionista estava, para os judeus muito religiosos, em contradição com o judaísmo?

Quem foram os "rabinos do protesto" e o que argumentaram?

22. Os seguidores dos rabinos do protesto

Qual é provavelmente a fonte mais importante dos seguidores dos "rabinos do protesto"?

Qual foi a afirmação fundamental dos que seguem a linha dos "rabinos do protesto"?

Qual foi a relevância do "Mitzvá Yishuv Eretz Israel"?

O que era a acusação de "Neviei Sheker" feita pelos rabinos antissionistas contra os sionistas?

Que destino bíblico aguardava os sionistas, de acordo com os rabinos antissionistas?

Explique a autodescrição dos rabinos antissionistas como salvadores.

23. Breuer e Agudat Israel
Qual era o cerne da objeção de Breuer ao sionismo e a Israel?

Como a atitude da Agudat Israel em relação ao sionismo e a Israel evoluiu com o tempo?

24. Neturei Karta
O que são os Neturei Karta?

Qual é a ideologia dos Neturei Karta?

Que atividades desenvolveram as filiais americana e londrina dos Neturei Karta?

Antissionismo árabe e muçulmano
Qual é a ideologia antissionista árabe e muçulmana?

Quem é a principal força motriz do antissionismo árabe/muçulmano?

25. Objetivos
Qual é o objetivo do antissionismo árabe/muçulmano?

Por que meios os objetivos do antissionismo árabe/muçulmano se expressam?

Qual a diferença entre linguagem direta e indireta no antissionismo árabe/muçulmano?

Qual era o objetivo de Gamal Abdel Nasser Hussein?

Como Al-Hourani via o futuro?

Qual era o objetivo de Tawfiq Abdallah?

Qual era o plano de Ali Akbar Hashemi Rafsanjani para o futuro do Estado de Israel?

O que o artigo 22 do Estatuto do Hamas de 1988 afirma sobre o papel dos judeus na história da civilização?

26. Libelos

Quais são alguns dos libelos apresentados por árabes/muçulmanos contra o sionismo/Israel?

O que o Estatuto do Hamas de 1988 diz sobre o sionismo?

O que Mahmoud Abbas escreveu sobre a cifra de seis milhões judeus assassinados no Holocausto?

27. O Islã

Explique os conceitos de *"Dar al-Islam"*, *"Dar al-Harb"* e *"Jihad"* no Islã.

Explique o conceito de *"dhimmis"* no Islã.

Você pode dar alguns exemplos de atitudes árabes/muçulmanas relacionadas ao sionismo/Israel entremeadas com temáticas islâmicas?

28. "Colonialismo/Imperialismo"

Explique o argumento dos antissionistas árabes/muçulmanos de que o sionismo/Israel é um enclave colonialista/imperialista.

Explique como os eventos históricos são apresentados para justificar a narrativa de que Israel é um posto avançado do imperialismo.

Você pode dar alguns exemplos de atitudes árabes/muçulmanas em relação ao sionismo/Israel nas quais a acusação de imperialismo/colonialismo é formulada?

29. Apartheid e Boicote, Desinvestimento e Sanções (BDS)

Explique a natureza da acusação de apartheid em relação a Israel.

Explique a campanha de Boicote, Desinvestimento e Sanções. Você pode dar alguns exemplos de acusação de apartheid contra Israel e de adesão à campanha do BDS por árabes/muçulmanos?

30. Coalizões de ideologias antissionistas

Quais são as coalizões entre as ideologias antissionistas?

Você pode citar três maneiras diferentes de mostrar as coalizões entre as ideologias antissionistas?

Explique o uso de um denominador comum das diferentes ideologias antissionistas como meio para atingir seu objetivo.

Explique o ato de tomarem emprestado elementos ideológicos umas das outras como uma característica das diferentes ideologias antissionistas.

Explique como diferentes ideologias antissionistas operaram em conjunto.

Parte 3:
O antissionismo é antissemita? Outras dimensões

31. Antissionismo violento

Explique o conceito de antissionismo como violência.

Você pode dar exemplos de antissionismo como violência?

32. O aspecto antissemita dos boicotes

Explique o aspecto antissemita dos boicotes.

Você pode dar exemplos do aspecto antissemita dos boicotes?

33. Admissão do antissemitismo pelos antissionistas

Explique o conceito da admissão do antissemitismo pelos antissionistas.

Você pode dar exemplos de admissões de antissemitismo pelos antissionistas?

34. Antissionismo como palavra em código

Explique o conceito de antissionismo como uma palavra em código.

Você pode dar exemplos de antissionismo como uma palavra em código?

35. Antissionismo como um caso de dois pesos e duas medidas

Explique o conceito de antissionismo como fazendo uso de "dois pesos e duas medidas".

Você pode dar exemplos de antissionismo como um caso de "dois pesos e duas medidas"?

36. As consequências do antissionismo

Explique o conceito de antissemitismo como consequência do antissionismo.

Você pode dar um exemplo de antissemitismo como consequência do antissionismo?

37. Simpatizantes antissionistas

Explique o conceito de simpatizantes antissionistas.

Você pode dar exemplos de simpatizantes antissionistas?

38. Visões antissemita e antissionista nas mesmas pessoas

Explique o conceito de visões antissemita e antissionista nas mesmas pessoas.

Você pode dar um exemplo de visões antissemita e antissionista nas mesmas pessoas?

39. Antissemitismo não intencional no antissionismo
Explique o conceito de antissemitismo não intencional no antissionismo.

Você pode dar um exemplo de antissemitismo não intencional no antissionismo?

PARTE 4:
Os Meios do Antissionismo

40. Violência
Quais são as táticas violentas usadas pelos antissionistas?
O que se sabe sobre vítimas da violência antissionista?

41. Charges
Você pode dar exemplos de charges antissionistas?

42. Boicote, Desinvestimento e Sanções (BDS)
Como teve início o BDS?
Como o BDS se desenvolveu?

43. Omissões de fatos e deturpações
Por que a proclamação do "Direito de Retorno" é um caso de omissão de fatos e de deturpação?

Por que a alegação de que o tratamento dado por Israel aos cidadãos árabes israelenses que vivem dentro das fronteiras de Israel pré-1967 é semelhante ao tratamento dado aos negros no Apartheid da África do Sul pode ser considerada um caso de omissão de fatos e deturpações?

Por que a acusação de colonialismo e imperialismo dirigida ao sionismo/Israel é considerada um caso de omissão de fatos e deturpações?

44. Falsificações
Você pode dar dois exemplos de inimigos do sionismo/Israel que, deliberadamente, falsificam fatos, a fim de piorar a imagem do país?

45. Descontextualização
Você pode dar um exemplo de uma falha dos antissionistas em ver ou se recusar a considerar eventos externos que explicam por que Israel agiu ou não agiu de determinada maneira?

46. Exageros
Você pode dar um exemplo de fatos apresentados pelos antissionistas como sendo consideravelmente piores do que como realmente são?

47. Dois pesos, duas medidas
Você pode dar um exemplo de quando o sionismo/Israel é julgado por antissionistas de acordo com uma medida enquanto os países árabes e outras partes são julgados de acordo com outra medida?

48. As esferas do antissionismo
Quais são as principais áreas nas quais a campanha contra o sionismo e Israel tem sido mais ativa?
Descreva a campanha dos Sindicatos Trabalhistas do Reino Unido contra o sionismo/Israel.

51.
Exercício de treino

Os leitores podem tentar relacionar as seguintes citações às questões suscitadas neste manual.

1. "Como jornalista, percorri os campos de extermínio no Iraque, Afeganistão, Líbano e Sri Lanka e vi a morte de perto. Como jornalista, atravessei a carnificina e a destruição causadas por atos de terrorismo na Irlanda, em Lockerbie, Londres e Nova York. Como jornalista, visitei áreas de desastres naturais causados pelos terremotos no Paquistão e na Caxemira e testemunhei as consequências do tsunami. Como jornalista, passei por áreas de fome e segurei crianças africanas famintas em meus braços enquanto elas lutavam pela vida. Mas nada, absolutamente nada me preparou para o que testemunhei como um dos primeiros jornalistas a entrar no campo de refugiados de Jenin após o cerco de 2002. Isso irá me assombrar pelo resto da minha vida e nos meus momentos mais sombrios ainda choro quando penso na desumanidade do homem para com o homem naquele lugar. Jamais testemunhei um grupo de pessoas desfrutando de tanto prazer e alegria por infligir tanta dor e sofrimento a outro grupo de pessoas, incluindo seus bebês e crianças. A injustiça que é a Palestina está ali à vista, para quem quer que queira olhar."[280]

2. "Nosso conflito hoje, entre nós e Israel, é o conflito entre espírito e corpo. A mídia global de Israel se expandiu, e sua guerra contra os árabes e muçulmanos se dá por meio da mania sexual que distribui globalmente. Israel teve que usar essa mania sexual, como mencionamos em uma lição anterior, a fim de destruir o espírito de árabes e muçulmanos. Tudo morreu entre os muçulmanos, exceto

---

[280] Yvonne Ridley, jornalista e escritora britânica. Disponível em: <http://www.foa.org.uk/publication/the-palestinian-nakba-1948-2008-60-years-of-catastrophe/>, p. 4. Acesso em: 10 maio 2017.

sua luxúria. Portanto, vemos sujeira e falta de modéstia em muitos canais de satélite, fotos e anúncios para aumento de pênis e para todo o tipo de coisas. Todos são contrários à modéstia. Por quê? Porque os judeus, como é dito no Alcorão, acreditam apenas no corpo, não no espírito. Os judeus, de acordo com a nossa religião, acreditam apenas no corpo... O que Israel deu ao mundo em nossos tempos, além da corrupção moral e de valores corruptos, além do uso de drogas e pílulas? Eu disse em uma aula anterior que a CIA tem uma unidade chamada de Unidade Para a Criação do Estado de Espírito Global. Eles olham para um mapa: 'O que é apropriado para Gaza, Jordânia ou Síria? Comprimidos de Tramadol (ou seja, analgésicos)? Antidepressivos? Substâncias alucinógenas?' Eles são produzidos na Índia, enviados para Israel e distribuídos no Sinai. Depois se espalham pela região, a fim de destruir o que resta dos valores de nossos filhos."[281]

3. "Israel deve abrir um inquérito para refutar as alegações de que suas equipes médicas no Haiti 'colheram' órgãos das vítimas do terremoto para uso em transplantes."[282]

4. Israel "solapa a reação da comunidade internacional ao aquecimento global." ... O conflito do Oriente Médio distrai o mundo do problema real: as alterações climáticas provocadas pelo homem. Se condições meteorológicas extremas levarem ao "fim da raça humana", como de fato podem, adicionem isso à lista dos crimes de Israel.[283]

---

[281] Imad Hamato, professor de Estudos Corânicos na University of Palestine (em Gaza), TV oficial da Autoridade Palestina, *This is Our Religion*, 12 jun. 2015. Disponível em: <https://www.palwatch.org/main.aspx?fi=1100&doc_id=17259>. Acesso em: 10 maio 2017. Ver também videoclipe disponível em: <http://www.palwatch.org/main.aspx?fi=767&-fld_id=767&doc_id=20874>. Acesso em: 10 maio 2017.

[282] Baronesa Tonge, membro liberal da Câmara dos Lordes britânica. Disponível em: <https://www.thejc.com/news/uk-news/tonge-investigate-idf-stealing-organs-in-haiti-1.13971>. Acesso em: 10 maio 2017.

[283] Clare Short, membro do Parlamento britânico e ex-secretária de Desenvolvimento Internacional, *The Wall Street Journal*, 3 set. 2007. Disponível em: <https://www.wsj.com/articles/SB118877270728215947>. Acesso em: 11 maio 2017.

5. "Você precisa entender a ocupação israelense para compreender como posso legitimar os meios de resistência dos palestinos. É uma ocupação colonial e racista de longo prazo. É uma ocupação de desenraizamento. Em consequência da ideologia sionista [Israel apenas para judeus], palestinos são mortos todos os dias, muitos jovens são mutilados por balas israelenses, pessoas são presas, movimentar-se com liberdade se torna impossível... Matar a si mesmo e aos outros por uma causa tem sido prática de todas as nações e em todos os tempos... Nós devemos ver as circunstâncias que levam as pessoas a fazê-lo. Não se trata apenas de um fenômeno islâmico... Eles estão desesperados e não conseguem encontrar outra forma de resistência. Eles estão lutando por uma causa e não têm nada a perder. Nós, como palestinos, precisamos ter algo a perder para que possamos parar. As pessoas não estão se matando por diversão, e a justificativa islâmica só pode ser encontrada em circunstâncias muito adversas. Eu não estou justificando isso. Apenas tento explicar os motivos e como pará-los."[284]

6. "Hoje, a Faixa de Gaza não pode mais [ser] considerada apenas uma prisão ao ar livre. Tornou-se um campo de concentração, cujos ocupantes são vítimas dos crimes cometidos por seus carcereiros..."[285]

7. "O padrão de expulsão típico de uma aldeia palestina segue essas linhas:... Eles eram mantidos em campos de con-

---

[284] Entrevista com Rifat Kassis, diretor-executivo da YMCA em Jerusalém Oriental, extraída de *"Deliver us from Occupation: Report from the International YMCA-YWCA Observer in Palestine: No. 13"*, 30 ago. 2001, *World Alliances of YMCAs, Special Consultative Status with United Nations Economic and Social Council*, sancionado pelo *UN Committee on the Exercise of the Inalienable Rights of the Palestinian People*. Disponível em: <http://www.humanrightsvoices.org/victims/ngos/un_ngo_connection/reports/?c=3&zoom_highlightsub=publications>. Acesso em: 11 maio 2017.

[285] Excerto de *"Oral statement by the American Association of Jurists to the UN Human Rights Council, Agenda Item 7, March 23, 2015"*, *American Association of Jurists*, sancionado com o status de consultor especial pelo Conselho Econômico e Social das Nações Unidas. Disponível em: < http://www.humanrightsvoices. org/assets/images/panels/list_10/Report-on-UN-NGOs-Spreading-Antisemitism-Terror-September-2016.pdf>. Acesso em: 17 maio 2017.

centração abarrotados... Vítimas têm direito a compensação da mesma forma que as vítimas judias agora recebem uma compensação de bilhões de dólares por seu sofrimento nos campos de trabalhos forçados nazistas."[286]

8. "... Há decerto alguns aspectos da política de Israel em relação aos palestinos claramente similares à opressão nazista... O termo 'Genocídio' – definido pela Convenção das Nações Unidas como a intenção de 'destruir, no todo ou em parte, um grupo nacional, étnico, racial ou religioso' – descreve apropriadamente os esforços de Israel, semelhantes aos dos nazistas, para eliminar um povo inteiro... Israel muito provavelmente não se preocupa com quão sistemáticos são seus empenhos para tal eliminação, ou quão rapidamente eles ocorrem, e nisso difere dos nazistas. Não há câmaras de gás; não há urgência prioritária. As câmaras de gás não são necessárias... pequenas meninas crivadas de balas aqui, bebês decapitados por balas ali; um pequeno massacre aqui, um pouco de fome ali... expropriação é o nome do jogo... As pessoas irão morrer, a nação irá morrer sem uma única câmara de gás. Ou pelo menos assim os israelenses esperam... Israel arrogou-se o direito de apagar a presença dos palestinos na Palestina – em outras palavras, de cometer genocídio, destruindo 'no todo ou em parte, um grupo nacional, étnico, racial ou religioso'... Uma grave injustiça, como a que os nazistas e Israel infligiram a pessoas inocentes, não pode prevalecer por muito tempo."[287]

---

[286] Excerto de *"Palestinian Forced Labour Camps,"* Near East Cultural and Educational Foundation *of Canada*, sancionado pelo *Committee on the Exercise of the Inalienable Rights of the Palestinian People* da ONU. Disponível em: <http://www.humanrightsvoices.org/assets/images/panels/list_10/Report-on-UN-NGOs-Spreading-Antisemitism-Terror-September-2016.pdf>. Acesso em: 11 maio 2017.

[287] Excerto de *"Does It Matter What You Call It? Genocide or Erasure of Palestinians,"* Women *for Palestine - Australians for Palestine*, sancionado pelo *Committee on the Exercise of the Inalienable Rights of the Palestinian People*. Disponível em: <http://www.humanrightsvoices.org/assets/images/panels/list_10/Report-on-UN-NGOs-Spreading-Antisemitism-Terror-September-2016.pdf>. Acesso em: 11 maio 2017.

9. "Judeus na Europa e em todo o mundo se queixam do recrudescimento dos denominados sentimentos antissemitas nos diferentes países e de sua expressão aberta e violenta. Isso, é claro, em reação à guerra bárbara que Israel trava contra a população civil em Gaza e na Palestina. Não apenas na Alemanha, na qual se é especialmente sensível a esse tipo de sentimento, mas também na França e em outros países europeus em que há manifestações anti-Israel, muitas vezes expressando sentimentos antijudaicos, como 'todos os judeus devem ser mortos com gás'. Relata-se que os judeus residentes na Europa estão preocupados e pensam em abandonar os países nos quais têm vivido há muito tempo ou se opõem publicamente à posição de Israel. Como é que não percebem, ou ninguém lhes explicou, que essa é uma reação compreensível de pessoas que se sentem desamparadas diante da barbárie que Israel está cometendo contra civis indefesos em Gaza, e ninguém, nem as Nações Unidas, nem a União Europeia, nem quaisquer organizações de direitos humanos, é capaz de parar este genocídio contínuo. Do mesmo modo que os sentimentos antiamericanos têm aumentado no mundo árabe e muçulmano depois da confusão que os EUA criaram no Iraque, no Afeganistão, na Líbia e na Síria há, por associação, uma reação violenta contra Israel e os judeus. O Twitter e as redes sociais estão difundindo uma campanha de boicote, dizendo às pessoas que não comprem produtos judeus ou serviços relacionados ou contaminados com dinheiro judeu. As repercussões de tal campanha poderiam ultrapassar em duração a guerra de Gaza, por anos ou mesmo décadas, quando alguns países começarem a parar de importar frutas e vegetais de Israel?"[288]

---

[288] Jornalista paquistanês Ali Ashraf Khan, no jornal diário em língua inglesa *Saudi Gazette*, 12 ago. 1914. Disponível em: <https://www.memri.org/reports/article-saudi-gazette-global-rise-antisemitism-understandable-reaction-gaza-war>. Acesso em: 11 maio 2017.

52.
Pontos de discussão

1. "Apoiadores de Israel rotulam qualquer crítica ao Estado de Israel como antissemita."
2. "O antissionismo não deve ser confundido com o antissemitismo."
3. "Os árabes não podem ser antissemitas porque são um povo semita."
4. "As atrocidades do Holocausto são usadas para encobrir os abusos cometidos por Israel."
5. "É legítimo criticar os atos de qualquer Estado do mundo, inclusive de Israel."
6. "Nem todo ato de Boicote, Desinvestimento e Sanções (BDS) é antissemita."
7. "Quanto melhor você conhece o seu adversário, melhor você é capaz de combatê-lo."
8. "Acusações de antissemitismo dirigidas a antissionistas têm o objetivo de silenciá-los."
9. "Os excessos ocasionais dos antissionistas são uma reação compreensível diante dos sofrimentos dos palestinos."
10. "Como antissionista, não posso ser antissemita porque alguns dos meus melhores amigos são judeus."
11. "O antissionismo não pode ser antissemita porque existem muitos judeus antissionistas."
12. "A luta contra o antissionismo é apenas a última parte da luta contra a forma de ódio mais antiga da história da humanidade."

O Autor

Henri Stellman, natural da Bélgica, possui bacharelado e mestrado em Política Internacional e obteve seu doutorado em Ideologias do Antissionismo da London School of Economics and Political Science. Possui qualificações adicionais em finanças, com certificado outorgado pelo Charter Insurance Institute do Reino Unido. O dr. Stellman tem ministrado inúmeras palestras e marcou presença no rádio e na televisão.

Seus vários artigos acadêmicos e não acadêmicos foram publicados, dentre outros, no *Parliament Affairs, Middle East Review, The Wiener Library Bulletin, The Times Higher Educational Supplement, The Guardian* e muitos outros periódicos. Seu trabalho tem sido frequentemente citado em pesquisas, figurando na leitura recomendada por universidades. Sua *expertise* em vários assuntos internacionais tem sido regularmente buscada, e ele tem prestado consultoria para uma diversidade de institutos de pesquisa e órgãos da mídia. Em 2016, juntou-se, na qualidade de analista, à unidade Firewall Israel do Reut Institute.

GRÁFICA PAYM
Tel. [11] 4392-3344
paym@graficapaym.com.br